掌舵与划桨

探究政府与企业良性互动的契合点

张驰 著

- 贴近 政府运行一线
- 契合 企业发展需求
- 面向 时代创新方向
- 竭力 探索政企互动

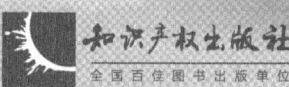

知识产权出版社

全国百佳图书出版单位

图书在版编目（CIP）数据

掌舵与划桨：探究政府与企业良性互动的契合点 / 张驰著 . —北京：知识产权出版社，2019.3

ISBN 978-7-5130-6091-2

Ⅰ . ①掌… Ⅱ . ①张… Ⅲ . ①政企关系 – 研究 – 中国 Ⅳ . ① F123.15

中国版本图书馆 CIP 数据核字（2019）第 028609 号

内容提要

改革开放以来，政府与企业的关系始终是公共管理研究的重点，随着中国特色社会主义市场经济发展进入新时代，政府与企业的良性互动正逐渐成为一项共识。笔者以政府一线工作人员的视角，从金融、电子商务、青年创业等角度着手，探究政府与企业良性互动的契合点，为合作增添新活力、注入新动力，促进政府行政能力更有效地提升。

责任编辑：李　婧　　　　　　　责任印制：孙婷婷

掌舵与划桨——探究政府与企业良性互动的契合点

ZHANGDUO YU HUAJIANG——TANJIU ZHENGFU YU QIYE LIANGXING HUDONG DE QIHEDIAN

张　驰　著

出版发行：知识产权出版社有限责任公司	网　　址：http://www.ipph.cn
电　话：010-82004826	http://www.laichushu.com
社　　址：北京市海淀区气象路 50 号院	邮　　编：100081
责编电话：010-82000860 转 8594	责编邮箱：lijng@cnipr.com
发行电话：010-82000860 转 8101	发行传真：010-82000893
印　　刷：北京建宏印刷有限公司	经　　销：各大网上书店、新华书店及相关专业书店
开　　本：720mm×1000mm　1/16	印　　张：10.25
版　　次：2019 年 3 月第 1 版	印　　次：2019 年 3 月第 1 次印刷
字　　数：130 千字	定　　价：38.00 元

ISBN 978-7-5130-6091-2

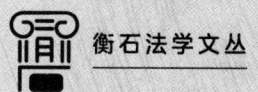
衡石法学文丛

行政契约中
法律适用问题研究

Research on Legal Application Issues
in the Administrative Contract

孙　峰◆著

中国政法大学出版社

2023·北京

图书在版编目（CIP）数据

行政契约中法律适用问题研究/孙峰著. —北京：中国政法大学出版社，2023.8
ISBN 978-7-5764-0812-6

Ⅰ.①行… Ⅱ.①孙… Ⅲ.①行政法－契约法－法律适用－研究－中国 Ⅳ.①D922.104
②D923.604

中国国家版本馆CIP数据核字(2023)第156050号

书　名	行政契约中法律适用问题研究 XINGZHENG QIYUE ZHONG FALÜ SHIYONG WENTI YANJIU
出版者	中国政法大学出版社
地　址	北京市海淀区西土城路 25 号
邮　箱	fadapress@163.com
网　址	http://www.cuplpress.com (网络实名：中国政法大学出版社)
电　话	010-58908466(第七编辑部) 010-58908334(邮购部)
承　印	固安华明印业有限公司
开　本	720mm×960mm　1/16
印　张	13
字　数	205 千字
版　次	2023 年 8 月第 1 版
印　次	2023 年 8 月第 1 次印刷
定　价	60.00 元

中国改革开放的实践中，有那么一条主线，就是处理好政府与企业的关系。

政府拥有行政权力，通过宏观调控的手段，为企业创造优质的营商环境，助力企业做强做大；企业拥有市场能力，利用各种信息传播途径和手段与政府进行双向的信息交流，以取得政府的信任、支持和互动。可见，政府与企业之间，是一种互动的关系。

我们在改革开放的实践中摸索出了限定政府行为的边界，发挥市场的决定性作用，管好看得见的手、用好看不见的手。但是，政府与企业的关系，始终都是不同利益取向群体之间博弈的焦点，并不是一成不变的，所以仅仅是限定了行为边界还不够，必须时刻关注政府与企业之间的动态关系，只有良性互动的关系才能保障政府行政能力和社会主义市场经济的有效性。

所谓政府与企业的良性互动关系，是建立在法治基础之上，政府与企业既分工明确又密切互动，政府在职能转变中不断优化对企业的服务，企业在不断创新发展中履行社会责任，进而调动

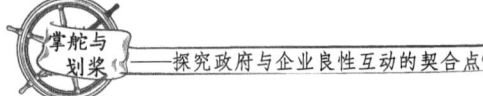

更多的资源，实现市场效用的最大化。在互动关系中，政府似乎掌握着主动权，所以必须积极回应企业的重大关切，并且引导企业关注宏观层面的变化，通过逆经济周期调节、保障企业合法权益、畅通合作渠道等方式为企业办实事、解难题。

《国富论》提到政府是市场秩序的"守夜人"，这种提法已经得到普遍的认可。改革开放的实践也为政府与企业的良性互动带来了新形态和新趋势，"掌舵与划桨"理应成为新方向。政府以公共利益的站位和宏观调控能力来掌舵，企业以灵活的经营和市场能力来划桨，共同助力中国特色社会主义市场经济这条大船行稳致远。

在公共管理学的研究中，政府与企业的良性互动已经越来越成为研究的重点，但多是高屋建瓴的顶层设计和理论探索，缺乏贴近行政运行一线的实践总结。笔者试图从一线工作人员的视角，探究政府与企业良性互动的契合点，为互动增添新的活力、注入新的动力。

目录

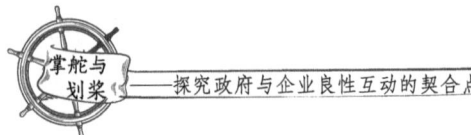

第一章 政府从服务企业到与企业良性互动

从狭义层面来说，对企业的服务工作一直是各地政府经济工作的重点；而从宏观层面来讲，企业担负着促进就业、稳定物价、保障供给、维持秩序、支持公民社会形成等任务，所以对企业的服务不仅是经济工作，更是一项社会任务。企业家和企业是经济交流互通的特殊纽带，企业是政府层面了解经济社会大环境的重要媒介，企业也是检验各项经济措施是否落到实处的主体。

对企业的服务工作，其实很早就已经深入各级政府官员心中，这样工作不仅仅包含为了企业服务，同时也会为企业家提供服务。但是，并不能因为是社会任务就放弃经济利益，还是要坚持以提高经济效益为主要导向，完善对企业的服务。对企业的服务不能仅停留在帮忙处理矛盾和解决纠纷方面，面对中国经济新常态和战略部署，企业也提出了更多的要求。一些"古板"的企业还习惯于行政命令、人情协调、签字解决等老套路，明显难以适应新的营商环境。所以，创新对企业的服务并让企业尽快适应新常态迫在眉睫。

　　要创新对企业的服务，首先要弄明白以下几个问题：第一，为什么政府要为企业提供服务？除了让企业能够安心致力于发展外，更重要的是帮助它们适应最新的经济社会环境，创造更多的经济效益，带动更多的就业。第二，企业需要哪些服务？首先是法律服务，随着社会主义法制建设向法治建设推进，法律法规不断完善，法制观点逐渐深入社会机理，企业只有在法律框架下行事才能够受到保护，才能够永续经营。其次是经济服务，主要是需要帮助协调贷款、收集市场信息、完善企业资金运作等，特别是资金运作，不少企业在改革开放的浪潮中发展壮大，资金实力得到提升，用好这些钱以谋求在多层次资本市场占得先机成为企业的诉求。再次是文化服务，如同金融是经济的血液一样，企业文化是企业的血液，流淌在企业每一名成员的血脉当中，企业文化作为企业最重要的软实力，同样需要政府进行引导，才能既不偏离中国特色社会主义道路，又能展现企业的独特文化内涵。再次，政府应该如何给自己定位？政府只是舵手，掌控方向，其余的事情交给社会组织和经济主体去解决。在对企业的服务中，明辨企业性质，尽力帮助协调解决和满足企业的发展问题、满足企业的合理需求。具体来说，政府在创新对企业的服务中，应该做好信息传递、资源整合和法律守护等工作。

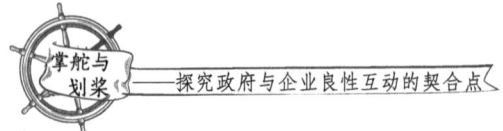

一、夯实政府服务企业工作基础

（一）建立信息平台

以电子信息技术为手段，以网络为媒介，以真实数据为核心，有效整合各类社会资源，构架基于 Web 方式的、服务于企业的网络信息平台。为广大企业提供政策法律和技术经济信息咨询、项目合作服务、融资担保服务、国际交流合作服务、人才培训招聘、信息化建设、管理咨询诊断、新产品设计开发、市场开发/推广等信息资源和业务服务，建成具有综合性、开放性特点的一站式综合性信息服务平台。由企业在各地业务主管部门、行业协会的指导下填报数据并及时更新，按照三级管理权限（省厅、市局、企业）对相关数据予以管理。具体信息内容可以包括企业基本信息、经营状况、主营业务、近期重大决策部署、目前困难和疑惑等。引导各市场专业服务机构进驻平台，对企业需求进行一对一的对接。具体服务机构可以包括金融机构、法律机构、人力机构、宣传会展、电商平台等。

（二）组织专业团队

首先，要按照既要懂政策、熟法律、晓管理，又要理解企业、善于沟通协调的要求，从业务主管部门、行业协会工作人员中选拔出能够扑下身子为企业切实解决问题的精干力量，组成工作队伍。政务的相关工作由政府工作人员负责协调，工作起来比较顺畅，而且这也是服务企业的常规力量。其次，要用好"外脑"，特别是社会上热心于服务企业、能够胜任政企对接工作的有识之士。可以建立松散的组织机构，平时个人在各自的工作岗位上任职，遇到企业有困难等突发状况，可以及时组织起来商讨解决方案。最后，要理顺"内脑"与"外脑"的关系，探索在政府引导下成立专业服务公司，以市场化形式运行，按照购买者付费的原则，由社会力量提供的服务按照一定标准收费，政府力量负责协调关系、搭建服务桥梁，引导企业向专业服务公司寻求帮助。

（三）加强理论创新

面向企业发展的现代化的要求，强化时代意识，把握经济新常态的基本特征和发展脉络，回应企业现代化进程中出现的重大疑问。企业每一个发展阶段都会遇到一系列重要问题，从而为理论创新提供强大的动力和生长的土壤。政府要树立问题意识，以解决企业现实问题为导向，善于总结实践经验，敢于试验、敢于突破、敢于创新，在建设实践中开拓服务企业理论新方向。面向世界理论前沿，强化开放意识。在坚持理论自信的同时，把握世界经济发展格局和企业服务理论的发展，追踪和了解世界理论发展前沿，汲取西方世界理论创新的最新成果。在世界经济发展大格局中了解企业特点和发展趋势，在理论交流中坚持根本立场，增强理论研究的话语权。面向企业未来走向，强化发展意识。强化思维的前瞻性，正确把握当前的企业发展方向，引导企业在开创未来的实践中不断丰富和发展企业的经营管理理论，支持企业加强科技创新研发。政府要总结历史经验教训，立足企业现实需求，面向未来企业和社会发展方向，继续探索服务企业的新理论、新方法。

二、转变政府服务企业的工作思维

从"人治"到"法治"。按规章办事是政府管理经济改革的方向，以后出现越来越多的现象是找律师、会计师等专业人士分析问题，而不是找领导签批解决方案；要从等领导批示解决问题，转变为先查阅法律条文确定事件性质后再处理；要从服务于重要企业、服务工作随人走，转变为对企业不分大小和类别，按照规定实施惠民性的服务。

从"被动"到"主动"。与其坐着等企业上门来咨询和求救，不如走进企业了解情况、发现问题，将问题解决在萌芽阶段，将矛盾化解在初级阶段。要主动调研企业，争取在出现问题之前，帮助企业制定好解决方案和应急预案，并形成机制。要分析宏观经济环境，适时提出政府对行业和市场行情的预判。

提供服务，应该是主动对接企业。现在服务企业的主要形式是帮助企业解决问题，并没有形成稳定的工作机制，多数工作是针对一个问题、一个项目，事情办完了，这个项目组就解散了，既没有反馈也没有跟踪。所以要将企业服务工作扩展到企业的整个生命周期，从初创到稳定、从稳定到衰退、从衰退到转型甚至破产，要创新出一套从"襁褓"到"坟墓"的服务体系。

三、对政府服务企业新措施的探索

（一）以信息平台为基础，开发云计算项目

以大数据信息平台为基础，利用金融等专业机构强大的数据处理能力，对企业的各项数据进行分析计算，获得企业目前生产经营状况的直观信息，以此作为企业信用的基础组成部分。利用所有的数据信息，能够得出分行业、分领域、分地区的微观经济分析状况，依据分析结果有针对性地协调相关机构进行对口服务，并在平台上留下记录。利用数据计算和信息匹配功能，对平台内的企业提供产业链上下游、资金融通、人才招聘、培训讲座等匹配功能。通过云计算实现的网络一体化办公，能够对行业内的企业动态、消费者行为、宏观经济环境等情况了如指掌。

（二）支持加强职业培训，疏通职业选择渠道

引导企业与高等院校合作，有针对性地开展企业内部员工的职业技能培训，提高职工素质；创新企业家开展培训工作，学习政策法规、建立企业文化、借鉴优质企业先进管理经验。定期组织各地企业家之间的座谈会，相互交流。适时引进境外职业培训机构，扩展职业培训的视野。鼓励企业加强与青年人的联系，创造更多面向青年人的实习机会，利用企业出货淡季安排青年人参观和实习，政府应该对青年人实习给予一定的经费补偿，对招纳应届毕业生就业达到一定数量的企业给予一定的财政奖励。政府应与人力资源机构合作，对企业

用工需求进行摸底，并利用信息平台进行人才匹配，做好人才邀约工作。定期召开企业招聘会，鼓励具有一定实力的企业在网站上设立企业招聘专栏。适时引导青年人创业，共筑创业创新中国梦。梳理出各地、各园区支持创业的政策，按权限出台支持青年创业的政策，鼓励将境外青年创业纳入境内青年创业的奖励范围内，积极与各职能部门建立协调机制，助力创业工作。

（三）支持建立便捷运输网，完善物流框架

明确物流框架的原则，一是协调性，通过与海关、边检、交通运输、邮政等部门沟通，建立企业生产设备、原材料、产品的便捷通关机制。二是统一性，明确企业的便捷物流运输框架能够在各地统一实施，一个标准执行到底。三是前瞻性，今后会有越来越多的企业参与全球性的贸易，它们的物流需求也将更大，在硬件设施配置和软件服务配套方面要有发展的、超前的眼光。协调第三方物流机构加强对企业服务。目前，企业更多的是选择采用自己的物流途径，而这些工作耽误了企业原本应该用于技术研发和开发市场的精力，而采用第三方物流机构服务的方式实现了以信息换库存，可降低成本。同时应该鼓励第三方物流机构在检验检疫、保税通关等方面，为企业提供一整套解决方案。鼓励企业利用信息平台开展"拼单"合作。鼓励企业将物流信息发布到网上，一方面邀约合适的物流机构，另一方面寻找合适的"拼单"企业。有的企业物流需求不够一个标准运输单位，如果恰巧另外一个企业也遇到如此情况，目的地也较为接近，即可以共用一个运输单位。以"拼单"为起点，深化物流的网络平台功能探索。

（四）充分调动多方的积极性，为企业解析政策提供建议

鼓励企业与各地职能部门密切互动，特别是税务、法律、政策研究、商务等部门，组织各部门业务骨干和专家走企业下基层，定期组织专题讲座，为企业讲解政策、分析行情。鼓励在讲座中设立询问环节，让企业家与政府官员面对面沟通，解决问题，把发展理念统一到地区经济社会建设的大局上。积极

与科研机构、高等院校等智库合作，成立松散的合作小组，定期或不定期走访调研企业、开展座谈会，在结合宏观形势与总结经验之后形成调研报告，供企业和服务机构参阅。根据工作需要适时适量将调研报告发布在信息平台上，供各地企业了解业内最新状况和各地发展态势。鼓励政府相关部门与行业协会、企业共同成立专门经济研究部门，及时在信息平台上发布各地热点消息，适时适当发表对重大事件的评论以及对未来发展的预判。鼓励各地企业在信息平台上开展各种形式的"头脑风暴"。

（五）与电商机构互动，打造电商板块

出台政策，出资引导。在广泛征求各方意见的基础上，制定扶持企业走电商道路的实施方案和发展规划，将更多中小微企业纳入现有电子商务扶持政策的服务范围；参考国家面向中小企业提供电商扶持资金的做法，推动设立省一级的企业电子商务发展专项引导基金，鼓励企业对接电子商务，鼓励优质电商资源服务企业。加强培训辅导，整合全省产学研资源，面向三个群体制订科学、专业的培训计划：一是面向业务主管部门、行业协会的同志，让他们了解熟悉电子商务并顺利转换成电子商务的宣传员；二是面向相关企业，让企业上上下下各岗位逐步适应互联网电子商务的思维模式；三是面向广大创业、就业青年，让他们通过学习掌握电子商务从业技能，在当地找到就业、创业的门路。搭建载体，构建平台。鼓励各地在现有电子商务产业园的基础上主动扩大对中小微企业的服务，引导和支持有条件地区建设企业电子商务产业园，构建产业链完整、功能齐全、特色明显的电子商务的集聚示范园区；以混合所有制的形式兼容并蓄各种体制机制的优势，设立"企业电子商务综合服务平台"，按照"助力转型、惠民共荣、有利工作"的原则，统筹规划企业走电商道路的工作，整合当地有意向的企业集中优势资源形成市场竞争力。

（六）与境外机构互动，引进海外经验

鼓励与国外合法的人力资源机构、企业管理咨询公司、行业协会等组织

加强合作。鼓励这些组织在中国企业集中区域设立办事处或分公司，设身处地为企业排忧解难、出谋划策。鼓励境内的企业服务机构与境外机构深度合作，可以采取成立合资公司、相互参股等方式，用好信息平台，互通有无。以合作为契机，学习国外企业服务的经验，以更接地气的工作服务好企业。

（七）协助建立企业文化，深悟整体新环境

在充分尊重地方传统的基础上，融合企业家原籍和家族企业的文化。要通过各地行业协会向企业宣传中华传统文化在当地的最新表现形式，突出文化互融互通。要鼓励外商投资企业与当地内资企业积极交流合作，相互了解。鼓励管理咨询机构对企业领导体制、组织机构、经营制度、管理制度和其他一些特殊制度等进行适当改造，以期更加适应新常态下的新环境。通过受众喜闻乐见的形式，将目前最新的政治、经济、文化的研究成果向内资企业、外资企业进行推送和灌输，让他们了解最新的社会主义核心价值观，让企业家潜移默化地接受最新的文化，并将此融入企业的运营管理中。

四、政府从服务企业到政府与企业互动

前面提到了七个服务措施，可以说是创新政府服务企业的工作方向，既然方向定下来了，就要考虑怎样开展工作、从什么地方着手开展工作。不过，在现实的情况下，与其说是地方政府服务企业，不如说是地方政府与企业合作。地方政府作为社会管理者，同时也是公共服务者，在市场、社会的环境下，也是其中的一分子。但是，很多时候，地方政府凭一己之力很难开展工作。这就需要调动市场的力量，作为市场的主体——企业，必然而且必须肯定会被纳入共同开展工作的团队当中。如果地方政府依然是以一种高高在上的姿态，以指导、指令、要求等方式给企业下任务，就很难取得实效。

我们通常听到的地方政府与企业的关系，多是在说以地方政府为主导、以企业为主体,企业利用各种信息传播途径和手段与政府进行双向的信息交流，

以取得政府的信任、支持和合作，从而为企业建立良好的外部政治环境，促进企业的生存和发展。但是，在进入 21 世纪之后，如果还在用这种眼光看待政府与企业的关系就显得不合时宜了。我们一再说要建设现代化经济体系，要让市场在资源配置中起决定性作用，那么，我们就应该给市场足够的尊重和支持。地方政府的工作人员，在这种环境下其实是运行者。企业可以自己生产，也可以为别的企业生产提供平台，并且帮助这些企业实现产品的增值和销售。那么，政府既然不能自己生产产品，那么是否可以为其他可以生产产品的主体提供平台呢？我们经常听到一句话："政府搭台，企业唱戏。"以这样的观点来看，地方政府可以成为一个平台型的政府，在基础设施建设、产业链互通和预期展望方面提供平台。地方政府构成了中国庞大的"平台"，这些地方政府一方面是当地的行政部门，另一方面也是经济社会的"操盘手"。它们之间可能会有竞争关系，但也会相互学习，通过土地规划、招商引资、园区开发、项目推动、金融支持等方式不断提高业务能力，从而促进中国经济的发展。

地方政府能够合作促进中国经济发展，有一个基础条件——政府手中有资源。就现实情况而言，政府所做的一切工作都是在为公共利益提供平台服务，最直接的效果就是中国的基础设施建设非常高效，这是很多西方国家和实行资本主义制度的地区所难以企及的。不过，很显然，政府在做"平台型企业"的时候，需要一批有企业家精神的政府工作人员去做事情——创新、谈判和推动，这种企业家精神从哪里来？只能是从与企业的互动中学习而来。很多事情需要企业来落实，政府的一项优惠政策能不能取得实效，企业的作为起到重要作用；政府的一项好工程的能建成，是由企业来具体操办的；政府的绩效考核要获得好评，也需要企业来给予大量的支持。企业不仅仅要获得发言权，而且还可以通过积极配合政府的公共服务、管理，为自己的经营管理拓展渠道，汲取经验。特别是在互联网时代，共享经济越来越多地被提及，企业原先追求的利益最大化和边际成本最低，可能会在共享经济的环境中出现一些变化。一味追求高利润的企业可能走不远，因为很多时候消费者面临多种选择，而且有可能自己就可以生产。所以，企业也有与政府合作的动力，因为政府总是会站在最广大人民群众的利益角度考虑问题，能够引导市场主体考虑未来的布局。

五、政府与企业互动的三个着力点

地方政府追求公共利益最大化，企业追求企业利润最大化，如何在两者之间找到一个平衡点，是促成两者之间合作的关键。杰里米·里夫金在《零边际成本社会》一书中提道："在数字化经济中，社会资本和金融资本同样重要，使用权胜过了所有权，可持续性取代了消费主义，合作压倒了竞争，交换价值被共享价值取代。"他甚至预言："协同共享很有可能在全球大范围内成为主导的经济体制。"[①]这本书不止一次强调了基础设施建设的重要性，强调了开放、共享、公平的重要性，这些都是政府在做的事情。但是真正产生经济效益，使社会进步的却是企业的科技研发、产品推广、提质增效等行为。政府需要加大学习的力度，升级思想观念，积极拥抱互联网，运用大数据、云计算、物联网等信息化手段，探索管理新模式，也提醒企业应该注意到"互联网＋"将是推动经济转型的重大契机。在零边际社会和共享经济的背景下，企业应该大胆进行新的尝试，对失败多一些宽容，说不定其中哪一次尝试就取得了良好的效果，帮助企业成为未来的"独角兽"。在新经济的发展潮流中，要想抓住机遇，必须是政府和企业共同创新，共享成果，驱动产业升级，这样才能使社会资源利用效率最大化，不断为经济转型升级带来新动力。政府与企业互动，最重要的是要满足双方的利益，如若不在共同利益中找到答案，也要能够为双方的不同利益寻找平衡点。因为资源有限，所以互动必须有着力点，不妨可以从金融、

---

① 杰里米·里夫金.零边际成本社会 [M].赛迪研究院专家组，译.北京：中信出版社，2014：1.

互联网、青年创业三个角度着手。

地方政府与企业的互动首先需要有经济基础，一切的互动都是上层建筑，必须建立在经济基础之上，金融独具的资金融通、经济中介的特征，能够夯实这个经济基础。金融是现代经济的血脉，贯穿于经济活动的每一个角落。党的十九大报告中提出，深化金融体制改革，增强金融服务实体经济能力，提高直接融资比重，促进多层次资本市场健康发展。健全货币政策和宏观审慎政策双支柱调控框架，深化利率和汇率市场化改革。健全金融监管体系，守住不发生系统性金融风险的底线。金融在整个现代化经济体系当中具有非常重要的地位，有的企业不知道资金该怎么用，有的企业受困于流动资金不足。更为重要的是，金融的安全牵涉整个国家经济的安全，不仅政府非常重视，企业也时刻保持关注。

有了经济基础，还需要一个合作的平台，在一片"互联网+"的欢呼声中，互联网、大数据、云平台、电子商务等为政府与企业合作提供了多元方式。互联网，在一定程度上引领了某些领域的弯道超车，其包容性、开放性、多元性的特征将整个经济社会的运行方式做了调整。政府、企业都在做大数据、云计算，社会上都在热议讨论参与度、体验感，移动互联网、云端服务器、区块链、线上线下融合等都是比较流行的词语。通过互联网，可以将很多经济主体、经济行为联系在一起，特别是互联网强大的资源整合能力、赋权效应给政府与企业合作带来了机会。

我们常说政府在宏观层面，企业在微观层面，而宏观、微观之间是政府与企业的契合点，就行为模式而言，政府一向是有选择性地抓住重点和试点开展工作，待成熟之后再逐渐推广。就目前来看重点和未来都在青年工作上，特别是青年的创业工作这个契合点。党的十九大报告中提出，青年兴则国家兴，青年强则国家强。青年创业被纳入大众创业、万众创新，而且应该是创新创业的主力军，然而青年人在资源、能力、资金等方面都处于劣势，所以政府必须要进行扶持。而其他企业也应该参与到扶持工作中来，不仅仅是为了响应政府号召，也可以从扶持工作中获利，企业自己培养一个合作伙伴，比看着对手培养一个合作伙伴更有积极性。青年创业者之间相互交流、学习，能够为整个社会创造出更多的商机与活力。当然创业不仅仅是创办企业，也可以是创建新的商业环境和模式。

第二章　政府与企业在金融领域的互动

　　金融是实体经济的血脉，为实体经济服务是金融的天职，是金融的宗旨，也是防范金融风险的根本举措。要贯彻新发展理念，树立质量优先、效率至上的理念。要把发展直接融资放在重要位置，形成融资功能完备、基础制度扎实、市场监管有效、投资者合法权益得到有效保护的多层次资本市场体系。

——2017 年全国金融工作会议

第一节　政府所能提供的金融服务

虽然能够看到很多地方政府出台支持金融业发展的政策文件，但是政府本身并没有提供专业金融服务的能力，政府部门不能直接从事提供贷款、转移资金、资产升值这类业务工作，甚至是报表制作这类最简单的业务工作，只能依靠专业的金融机构代为提供服务。政府的工作是行政管理性的事务，提供的是惠民性的支持，在市场资源配置中发挥作用。但政府可以打通各种沟通、协调渠道，让合法合理的资金需求都能找到满足的渠道，政府能满足的企业需求应尽快给予满足，政府满足不了的可以引导金融机构予以满足。为了能够让金融机构满足企业的金融需求，就必须要让市场知道需求到底是什么。只有让商业机构在落实政府政策、意见时得到该有的利益，才能够形成一个长期良性互动的关系。

政府的行为是有边界的，政府是用来制定标准和规则并且严格监督落实，画好"红线"、描粗"上限"，使得金融机构能够在一个合理合法的范围内自由活动，如制定行为规范和法律法规；对跳出"框架"的市场主体，必须予以严惩。考虑到各部门动员金融机构的能力和功能的特殊性，不是每一个部门都可以振臂一呼就应者如云，也不是每一个部门都可以准备几亿元人民币支持和鼓励金融机构来做一项工作，所以必须根据部门的特点，选取合适的方式与金融机构合作。政府要明白自己是掌舵者而不是划桨者，对金融机构的行为要加以引导，指一条明路，但是不能代替金融机构选取服务对象、确定服务价格、谋划产品设计等，也不能代替企业管理层选定金融机构开展合作。虽然政府的行为受到限制，但并不是说政府可以无为而治，政府也有自己的优势所在。第一，政府能够掌握各方面的信息，可以时刻洞悉供给双方的变化，有的时候可以用好"外援"，将信息进行整理为己所用。第二，政府有一定的协调动员能力，单个部门可能力量有限，可以通过行政手段协调其他部门发挥合力，甚至可以调动市场主体的积极性参与到政府的任务当中。第三，政府能够站在高

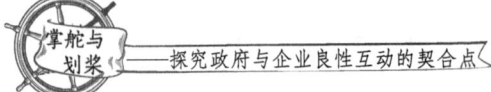

于市场利益的角度看问题,并不只是追逐利润,也不会为了眼前的利益而放弃长远利益,能够从宏观的监督和社会公平正义的角度思考。

理论上,市场上的资金总量在一定的时间点是固定的,无非有的企业资金多了,有的企业资金少了。金融机构的工作就是在这些企业中把资金进行调配,并且在调配的过程中尽量让资金增值。对企业来说,最基础的金融服务就是存贷款业务,也就是资金的多退少补。可在现实当中,有时候不仅仅是企业之间的资金拆补,还有行业、产业之间资金的流转,一个行业产能过剩了,资金就会自动转到另外一个行业。金融被称为是现代经济的血液,其强大的媒介能力值得关注,往往金融机构在做好本职的资金流转的同时,还能拥有整合能力,甚至是跨界整合能力。金融机构就站在各个市场主体中间,帮助它们解决各种问题,因为这些主体都需要解决资金问题。

企业需要的金融服务,主要是为了解决三个问题,即资金从哪里来,资金怎么转,资金到哪里去。

资金从哪里来?一种是实际的钱到账,就是能够融资成功。企业所处阶段、所在地域、所做的项目等客观因素影响资金来源,金融机构也会做出自己的判断。另一种是虚拟的钱到账,就是企业的信用取得。通常所说的综合授信额度是一个方面,还有一个联合增信,企业可以通过抱团取得更好的联合信用。另外,还有金融机构为企业做增信服务。

资金怎么转?企业应该考虑减少管理成本,合理分配人力、物力、财力资源,妥善向各项自制拨资金,及时减少不必要的项目支出,适时增加能够带来收益的新项目。企业始终考虑的是收益,金融服务同样应该包括让资金在企业内部的流轻中持续升值。

资金到哪里去?企业赚到钱怎么花,是增资扩股还是另外投资还是先把之前的欠债还掉,哪一种方式更好,更加适应企业的长远发展?如果欠债还不上,是不是需要把公司卖掉?卖多少钱?

企业有了需求,但是如果自己对接不上金融机构,或者金融机构的服务不能够令企业满意，政府就应该发挥作用。这里并不是说政府要强行安排某一个金融机构向特定企业提供某一项金融服务，而是要解决信息不对称和信息不足的问题。政府应完善信息沟通，通过政策的宣传，金融支持政策往往会与资金、人才、技术等挂钩，而这些因素又是企业的内生盈利点，但是常常政策满天飞，企业抓不到、享受不了。

想要解决信息不对称，政府不仅要让企业对自己有清醒的认识，还可以做这两项工作：一是市场环境介绍，首先是政府对市场的态度，其次是对金融服务的态度，再次是对企业与金融机构合作的态度，这三点非常关键。总的来说，现在的金融市场环境是比较优质的，政府要让企业对营商环境有信心。二是成功案例分享，政府说得再多也可能被解读为外行话，而企业现身说法或者是成功案例介绍就具有说服力，有了赚钱的办法为什么不进行复制或者升级呢？在解决信息不对称问题之后，政府就可以引导资源配对，企业与金融机构的配对可以建立一个金融机构服务联盟，将一批有资格、有实力、有热情的金融机构纳入其中，有针对性地引导企业与其合作，发挥带动作用。产业政策与金融产品的配对，地区产业政策需要企业来做好落地，而金融产品可以通过门槛的设计来引导企业跟从政策的指引。

值得注意的是，在政府支持金融机构与企业合作同时，需要警惕一些可能引发风险的合作项目，需要严控金融风险。一方面，要对政府的增信服务进行限制，政府可以为企业增信，但在操作的手段、操作次数上要控制好，而且尽量不要直接为企业增信，考虑到增售行为会影响金融服务双方对风险判断，尽量不要直接为企业增售。另一方面，政府要与金融机构和企业的互动，不一定要知道企业用资金买了多少机器，也不一定要知道金融机构赚了多少佣金和利息，而是要知道资金的投向和还款期限，以及相关硬性约束是否符合政策。

一、企业对自己的清醒认识

企业说自己融资难、融资贵，矛头常常直指金融机构，特别是指向银行业金融机构。考虑到金融行业有自己的行业规定和严谨的风险控制制度，一些企业没有融到资是可以理解的。虽然金融机构和政府部门也有一定的责任，如金融机构的贷款门槛高、坏账处罚力度大、对政策研究不透和政府部门缺乏对企业贷款支持的有效措施，多层次资本市场的建设尚未充分完善，但是综观没有融到资的企业，其自身并不是一点责任也没有，这些企业普遍存在着资本金严重不足、资产负债率高、企业财务制度不健全、生产研发技术水平较低等问题。这些问题均是企业可以发挥主观能动性自己解决但并没有解决的，企业自己要承担一些责任。企业有融资需求，金融机构给予融资供给，政府为两者合作搭建平台，企业在这种交易方式中应该做到知己知彼。既要知道金融机构提供的金融服务和融资产品，也要知道自己是不是能够取得融资或者自己能取得多少融资。一个受到金融机构欢迎的企业往往具有以下几个特点：

（1）当前企业所在的行业正处于起步阶段，但市场预期非常好。或者行业处于成熟阶段，竞争虽然存在但利益格局非常明显，企业能够稳定成长。

（2）企业经营管理得当，能够平稳度过经济的周期性波动。

（3）企业的利润明显好于行业平均水平，无论是技术还是议价能力，在行业中都处于中上水平。

（4）所在行业领域有中央和地方政府的支持。

（5）企业股权结构分配合理，管理制度完善，具有良好的议事制度。

（6）企业文化积极向上，激励机制合法合理，绩效考核能够促进员工提高能力。

（7）企业成立至今取得较多的成就，有专利、有奖励。

（8）企业的主打产品市场认同度非常高，具有一定的市场占有率和不可替代性。

（9）企业的核心竞争力很强，在人才、技术、规模、资金等方面能够保持优势。

（10）市场环境良好，营销稳定。

（11）企业财务状况良好，相关财务指标均优于行业平均水平，并建立了严格的风控机制。

（12）资金使用计划合理，有保障，有订单和存货作为支撑。

（13）企业与金融机构合作的记录始终良好，且愿意在金融机构办理其他金融业务。

（14）关联方交易清晰，没有损害企业及投资人的行为。

二、构建中小企业金融服务联盟

改革开放以来，在国家的大力倡导下，中小企业蓬勃发展，整体素质不断提高。中小企业已是我国经济增长、市场繁荣、结构调整、技术创新和扩大就业的重要力量，并以其灵活的运行机制和市场适应能力，成为我国经济体制改革和转型升级的重要推动力。然而，中小企业的发展也面临着许多新的困难和挑战，其中融资是中小企业面临的重要难题。受主客观因素的影响，中小企业融资面临难度大、成本高、风险高等问题，金融服务与中小企业的需求仍有较大差距，融资难已成为中小企业发展壮大的制约因素。

其原因主要在于：金融机构与中小企业之间信息严重不对称；金融产品在中小企业群体中推广渠道狭窄，推广力度不够，使得很多中小企业无法对众多金融产品的实质内容、扶持力度、申请条件、办理流程、操作方式等进行翔实了解；中小企业不了解各种投资机构之间的差异性以及重点投资的产业策略，企业更不知道应该如何选择适合自己的金融机构、金融产品及中介服务组织。同时，金融机构在搜寻适合自身投资方向的优质中小企业时也遇到找不到、接不上、看不清等困难。

随着市场竞争机制的完善和成熟，特别是在"大众创业、万众创新"的引领下，越来越多的中小企业如雨后春笋般出现。这些中小企业可能规模不大，但是有技术、有活力、有渠道，并且随着多层次资本市场的发展，规模较大的企业往往会选择直接融资，那么中小企业将成为金融机构开展中介服务所争夺

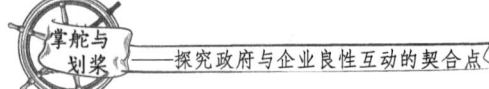

的投资对象，并将成为金融机构提高市场占有率、提高经营利润的重要增长极。针对这种情况，可以考虑在地方成立构建中小企业金融服务联盟。中小企业金融服务联盟可以按照"平等、合作、互助、互惠"的原则构建，由境内外合格的银行、保险公司、中介组织、信用担保公司、证券公司、证券交易所等机构自愿组成非营利性和开放性的民间组织。其目的是积极搭建高活跃度的企业互动服务平台，架起金融机构与中小企业沟通的桥梁，推进中小企业融资业务的健康发展，实现金融机构和中小企业的共赢发展。

政府部门通过促进金融机构与中小企业交流与沟通，增进金融机构与企业、金融机构与地方政府的合作，建立多层次、多元化、高效率的金融机构与中小企业客户之间的"资本市场"交易平台。增强金融机构向中小企业提供创新性金融产品的能力，丰富金融服务工具，推进中小企业融资业务的健康发展，缓解中小企业的融资难问题，便利中小企业对接多层次资本市场，实现金融机构与中小企业双赢的发展。

中小企业金融服务联盟设立的目的，就是想要聚集市场金融资源，优化金融环境，普及金融服务，联合众多服务意识强的商业银行、投资机构、担保公司、保险公司、证券公司、证券交易所、中介服务组织等机构共同组建为中小企业服务的金融保障体系。一方面，为金融服务机构提供真实有效的具有操作性的企业项目来源，扩大金融服务机构的市场占有率、金融资本的流动能力和变现能力，减少金融资本的交易费用，减少收集各种投资项目资源所需支出的情报费用，降低金融机构投资活动的边际成本。另一方面，为中小企业提供了便捷、面广、低成本的融资渠道，提高企业资金周转率，减少企业与金融机构洽谈业务的边际费用，拓宽企业在整个产业链的影响力，提升企业在金融领域的信誉度。

中小企业金融服务联盟的功能定位，可以有以下几个方面：一是研究、探索中小企业金融服务规范化管理机制，推动中小企业金融服务标准化，指导和引领中小企业实现产业转型和升级，帮助更多的中小企业做强做大。二是发挥地方政府与中小企业间的桥梁和纽带作用，协助、指导专项金融服务平台的创建，为政府服务企业提供意见和建议。三是为中小企业在投资新建、技术研发、兼并收购、上市挂牌、渠道拓展、人员招聘等方面提供服务咨询和协助资金流转。四是为中小企业提供交流与合作等方面的服务，定期组织金融机构与企业的交流或开展金融业务培训活动。五是为中小企业提供授信、增信、评级等方面的服务。六是建立联盟成员间的交流机制，打造企业家平台，实现优势互补、资源共享。七是发挥金融平台作用，积极促进外资与内资融合发展，以金融为纽带，实现人才、技术等要素的互通，扩大中小企业在对外开放中的获得感。八是严控中小企业金融安全，保证地区中小企业不发生大面积的金融风险。

中小企业金融服务联盟虽然由政府倡议提出，却不应该由政府负责运行，既然是民间组织，可以考虑按照民间社团的形式组织运行，并且应明确联盟代表大会为联盟最高权力机关，每年至少召开一次会议。为方便开展不同类别的工作，中小企业金融服务联盟可以设置银行小组、保险业小组、证券小组、信贷公司小组等分支机构，各小组定期召开会议互通市场信息、商讨完善金融服务的措施。

第二节 "互联网＋"资产证券化领域政府与企业的互动

虽然政府一再强调支持和鼓励金融机构服务企业在企业，并取得一定的成果。但随着时代的发展，经济形势和实体经济发展出现了一些变化，如果金融服务不做改变和创新，就不能解决企业成本问题、效率问题和进入门槛问题，企业就有可能会亏损。从传统意义上来说，金融就是"嫌贫爱富"的。其实准确地说，是传统的科技条件为金融业造就了成本与效率的限制，传统的金融条件构建的成本和效益的框架，事实上让金融机构无法既盈利又服务收入较低人群。同时，在商业可持续的要求和现有成本收益的架构下，金融机构收入较低人群的难度进一步加大。

但是，数字和网络技术的进步正在改变这个前提条件。它的迭代速度，使得使用新技术的各种服务行业（特别是金融业）获得了史无前例的普及化、规模化。成本降低、效率提高成为可能，甚至那些原本不入金融机构"法眼"的群体可以得到金融服务。

另外，移动互联网也在深刻地改变着金融对接用户的成本和效率。大数据、人工智能、区块链等技术的应用，带来了"不见面信任"，其要点是通过某一套算法，不需要信任或互相了解，便能够建立信任，这些技术就是现代金融服务开展的前提条件。这样的金融创新不但降低了成本，而且使得人们得到了信用。党的十九大报告提出，创新是引领发展的第一动力。我们要把移动互联、大数据、人工智能与实体经济深度融合，我们可以大胆预测，这将引领金融业发展进入新时代，这个新时代是通过大规模的数据金融科技才能带来的。现在所说的金融科技就是利用互联网、大数据等技术，通过资产证券化的路径实现金融服务的全覆盖。

一、互联网金融

正如这个名字，互联网金融就是金融服务机构把互联网当作平台，利用信息技术提供各种金融服务。主要涉及大数据、物联网、第三方支付、云计算和区块链等技术，改变原先信息不对称的情况，扩大金融服务的覆盖面，打造惠民性的金融服务。互联网只是一个平台，关键还是在于技术，要么是技术为金融服务提供了媒介，要么是技术降低了金融系统的整体风险水平，要么是技术完善了金融基础框架。互联网金融的驱动力应该是金融机构需要适应越来越丰富多样的金融需求，传统金融机构的"存贷差"获利模式已经不能维持长久，也不适应新常态下经济高质量发展。因此，必须做出改变。

互联网金融之所以越发火热。除了因为传统金融到了必须要变革的阶段，还有这几个原因。首先，互联网金融相对于传统金融在服务个人、中小微企业方面能够为客户提供更好的体验并且提高工作效率。现在客户的需求很多，能够提供服务的机构也很多，个人和小微企业作为市场中最为活跃也是数量最大的群体，可能在单个体量上不够大，但是却能带动整个市场的活跃度。这也就是为什么政府一再要求金融机构加大对中小微企业的金融服务，而不是一味地盯着大型国企的原因。对于个人用户而言，他们更加看重小额资产管理、存贷业务的便捷化和个性化，这一类型的业务创造的利润不多，且风险可能较大，这是传统金融对此踟蹰不前的原因。所以，相对于传统金融的经营模式和风险控制体系，互联网金融可以更好地以客户为中心，能够为个人和小微企业客户提供更好的使用体验。在提到金融服务工作时，"中小微企业的融资难、融资贵"不可避免地被提及，传统金融往往更加重视企业的资产实力，而中小微企业往往更多地从事附加值低、技术含量低、资产回报低、风险控制弱的行业领域，这让传统金融很难下手。所以，互联网金融作为更加灵活的金融服务形式，可以按照企业的需求设计产品期限，快速匹配资金，最值得称道的是互联网可以用于收集征信的功能，极大地提高了中小微企业的金融服务体验。这是从供给需求对应的角度考虑。互联网作为一种新的技术平台，技术进步推动了金融业的发展，互联网与金融的结合，使得个人、企业的行为可以转变为可收集、计量、分析的数据，多角度的数据能够给个人、企业进行数据信用画像，很好地解决了金融机构信用评级难的问题。同时，电子商务平台能够实时记录企业的资金流、交易流等经济行为，这为互联网金融进行网络授信提供了基础数据。

　　值得一提的是，作为去中心化的账簿系统——区块链技术，使得交易双方、多方都能够进行实时记账，能够保证信息的安全且不受恶意篡改，使得金融服务变得更加高效，降低成本。不过，必须注意的是，互联网金融现在的火热可能基于其部分业务处于传统金融监管体系之外，不少金融业务并不是传统金融机构不想做，而是做不了。互联网金融在现阶段似乎取得了相对于传统金融机构的"法外治权"，这已经引起了相关部门的注意。在2017年12月中央经济工作会议上提出了三大攻坚战，其中之一就是防范化解重大风险，而金融风险是首要风险。互联网金融带来的第三方支付、虚拟货币、网络理财等，以及金

融服务的广覆盖和深入性，使得对金融风险的防范更加紧迫。对于这种新的金融方式，政府应该将监控的手段进行升级和创新，既支持先进技术的发展，又充分保障金融客户的合法权益。金融机构的风控能力，在很大程度上取决于决策的独立性和中立性，而作为一个纯粹的中介机构，能够保证互联网金融的独立性和中立态度。

二、信息中介

互联网在金融服务方面主要承担着提供服务平台、创新服务产品的功能，由于互联网的特性，互联网金融不仅能够提供低成本、精准性的金融服务，还能够记录线上的经济行为、信用数据、采购信息等，这些数据支撑了金融机构主体开发出更多的金融产品。这些都表明，互联网最大的作用在于给了这些信息一个流通的渠道和被捕捉的窗口，相当于一个信息的登记和转让、交换的平台，互联网平台并不承担信用风险代别的功能，而是在给予金融机构信息，然后金融机构根据这些信息做好调查之后起到一个匹配借贷双方的作用，也就是给融资方和投资方提供了一个交易平台。不过也有互联网金融机构直接承担信用的平台，即通过自己的线上、线下机构审核信用信息，并在互联网上进行债权的转让。这样可以看出，互联网金融有信息中介和信用中介两种模式，而且信用中介的操作权限更大。但是，2015 年，中国人民银行、工业和信息化部、公安部、财政部、国家工商总局、国务院法制办、中国银行业监督管理委员会、中国证券监督管理委员会、中国保险监督管理委员会、国家互联网信息办公室联合印发了《关于促进互联网金融健康发展的指导意见》（银发〔2015〕221 号，以下简称《指导意见》），《指导意见》明确了互联网金融的发展方向应该是信息中介。相较于原先互联网金融信用中介的"影子银行"身份，信息中介更加强调自己不承担信用风险，只是作为金融产品的销售平台和金融资产的获得平台。为了做好金融供需双方的匹配工作，信用中介通过调查评估风险和充分披露标的资产信息，帮助投资人获取相关用于决策的信息并自主承担风险。

互联网金融，其基础资产应该来自企业，由互联网平台将这些企业的非标产品进行标准化改造，这些基础资产可以是传统金融机构的基金、信托、证券、小额贷款等，也可以是互联网平台产出的P2P、网络分期平台资产。这些资产往往是非标产品，而互联网金融的投资客户对投资产品的要求往往是标准、短期、小额，且能够快速流动的。这就需要对原先取得的基础资产进行改造，虽然互联网平台一再宣称自己不发布任何产品，但是在现在监管宽松的环境下，依然可以采取一些变通的手段。就是这样的变通手段造成了一系列的经济风险和法律风险。一方面，目前，互联网金融平台在业务开展和投资者审核方面缺乏管理，在非标资产改造中大的资产包拆分为小资产包，长期债权被拆分为短期债权，以及外部增信的广泛应用，使原本金融资产和产品的风险特征在拆分和改造中被隐藏了起来，造成这些金融产品是否符合向非特定对象募集的公募产品的标准，缺乏统一而有效的识别。另一方面，长期债券拆分为短期债权是互联网金融平台盈利的重要方式，但是常常因为缺乏必要的流动性备付机制，而成为一个又一个的"庞氏骗局"，在出现流动性风险或者市场受到干扰的时候，这种操作是坚持不了多久的。

所以，无论是从保护金融市场平稳发展的角度，还是从保护投资人的利益角度，政府都应对这个新的信息中介进行监管。2015年12月，中国银监会发布了《网络接待信息中介机构业务活动管理暂行办法（征求意见稿）》，对"网络借贷信息中介机构"进行了定义，提出了包括"不得自融""不得非法集资"在内的多项禁令，并在"资金存管""限制线下业务""投融资限额管理"和"信息披露"等方面做了强制要求。未来，随着金融监管力度的加大，政府依然要求企业做更多信息披露方面的工作。监管部门对信息的统计，应该不仅包括银行业金融机构的数据，还要有证券业、保险业金融机构的数据；不仅要有业务数量的统计数据，还要有各类别业务办理的明细数据。政府一方面要求金融机构向自己报数据，也应该要为了保护投资者的利益，要求金融机构向投资者披露更多的信息，比如标的公司的信息、互联网平台的信息、债权信

息、资金去向信息等，且要引导企业充分利用互联网在多种媒体上进行广泛的披露。只有充分披露信息，提高信息披露的质量，互联网金融才能更好地发展，政府监管部门也能尽早地发现违规违法现象，及时整治处理。

既然互联网是一个信息中介，那么就需要有一个标的物作为"中介"盈利的来源，这个标的正好可以是资产证券化。

三、互联网与资产证券化

所谓资产证券化，就是指以基础资产未来所产生的现金流为偿付支持，通过结构化设计进行信用增级，在此基础上发行资产支持证券（Asset-Backed Securities，ABS）的过程。2005 年，中国人民银行和银监会共同发布了《信贷资产证券化试点管理办法》，标志着我国资产证券化工作正式启动。

经过十多年的发展，目前比较成熟，也是企业与金融机构可以合作的三大类资产证券化产品，主要是信贷资产证券化产品、企业资产证券化产品和类资产证券化产品。企业可以根据自己的特点和要求选择适当的产品和金融服务机构。信贷资产证券化产品主要类型包括但不限于对公贷款、小额企业贷款、个人消费贷款、融资租赁、个人住房抵押、商业物业抵押、汽车分期、不良信贷、信用卡分期等；能够合作的金融机构主要是受到央行和银监会监管的在境内设置的商业银行、城市信用合作社、农村信用合作社、政策性银行、金融资产管理公司、信托公司、金融租赁公司和财务公司等，这些产品的交易场所被限定在银行间的债券市场。企业资产证券化产品主要类型包括但不限于小额贷款债权、商业物业租金、信托受益权、企业应收账款、信贷资产收益权、基础设施收费权等；能够合作的金融机构主要是受证监会监管的证券期货经营机构、证券投资基金管理公司等，这些产品主要在深圳证券交易所、上海证券交易所、机构间私募报价与服务系统和证券公司柜台系统交易。类资产证券化产品主要包括资产管理计划、信托计划和私募基金，可以合作的金融机构几乎不受限制，此类产品是利用资产证券化的技术手段对基础资产进行打包、重新设计，只需要基础资产合法合规、权属清晰、能够产生稳定的现金流即可，一般采取私募方式募集资金，交易方式、交易结构比较灵活，且由于采用了私募方式发行和交易，对交易场所也没有特别的限制。

作为对证券交易市场、银行间债券市场、机构间私募报价和服务系统、各证券公司柜台等全国性交易市场场所的补充，区域性金融资产市场和互联网金融平台也逐渐成为有潜力的类资产证券化产品的发行和交易平台。特别是作为新兴业态的互联网金融平台，已受到越来越多的投资者的认可，它以传统金融业为根基，汲取相关业务经验，通过互联网的手段向原先因为技术手段无法充分覆盖到的投融资需求快速传播和对接，未来有可能作为一类新的机构投资者介入资产证券化的生态体系当中。企业需要注意的是，在现有的金融监管体系下，互联网金融资产证券化偏爱由网络借贷和网络消费金融形成的点状资产，且原始资产更多来源于个人端口。企业在选择互联网金融资产证券化的时候，如果选择平台型网络借贷和网络分期商业模式，应该尽可能使自己的资产交易基础真实可查，数量要足够大但是单位金额要小，单位资产的风险可控且能够量化定价，流动性充分。这种方式最为理想，可以使优质的资产得到信用增级，也是最为保险的资产证券化方式。但是如果基础资产不是很理想，还有自融性网络借贷、消费金融和传统金融产品的网络销售两种方式。

由于互联网金融越来越向信息中介发展，所以互联网金融往往不能够作为这些基础资产的原始权益人。但是，这个信息中介却是所有资产的全部信息（包括但不限于交易金额、借款人、利率、期限、风险控制、违约情况准备等）的所有者，并且担负着资产流动性管理的工作任务。可见，互联网金融这个信息中介是整个交易发生的中心环节，企业可以向金融机构申请以合法的资产管理工具为发起人或由传统金融机构作为发起人，由互联网金融信息中介作为资产的服务提供商，或互联网金融信息中介直接注册成为私募基金，信息中介以私募基金的身份发行基金。第一种模式，传统金融机构中往往是信托公司作为基础资产的发起机构，以互联网平台的信息向有融资需求的企业提供贷款，以

形成原始资产；互联网平台以中介身份寻找一定资金用于"过桥"，在传统金融机构一端打包资产，供债权所有人取得收益。第二种模式，互联网平台脱离了信息中介的本分，成了信用中介。

如果仅仅形成了债权所有人的收益，企业取得"过桥"资金，那么整个交易并未形成完整的闭环。因为这一笔"过桥"资金需要偿还，每一笔资金都是有成本的，这一大笔资金的成本，传统的金融机构不会想着自己承担，所以现在就有通过内外部信用增级、期限拆分后再通过P2P的模式向投资者发送标的的方法。但是随着对"影子银行"监管的加强，这种所谓的场外市场资产证券化的交易比例可能会降低，公募和私募可能会成为大方向。所谓公募方式，就是企业融资所形成的债权收益通过特定目的载体以资产托管计划为基础在交易场所发行资产支持证券，这种方式虽然成本较高、流程较复杂，但不会受到合格投资人的限制，受众面更广。所谓私募方式，则是将企业融资所形成的基础资产按照现金流的特征进行拆分，以集合信托、资产托管计划和私募基金为基础向合格投资人发行。这种方式虽然效率高，但受制于人数和投资人资格限制，且风险可能难以有效分散。企业在选择时应该根据实际情况慎重选择，特别是在选择私募方式的时候，受限于合格投资人人数和资产规模、风险难以分散的限制，这时可以考虑引入保险公司的力量，将各种可能出现的风险进行定价，借由保险公司之手为资产证券化产品进行风险定级，向市场分层提供标准化的产品。

四、为金融服务寻找投资者

互联网金融平台作为打通金融资产生产和产品销售两端的链条，之所以能够降低企业融资成本、拓宽企业融资渠道，就是因为它不仅可以依托特定目的载体将资产打包、切割、评级后在交易所或证券公司销售，也可以通过资产管理计划在互联网平台销售。企业可以通过互联网平台选择三种方式将产品进行销售：一是线上产生资产，然后线上销售；二是线上产生资产，线下销售；

三是线下产生资产，线上销售。

第一种线上产生资产，然后线上销售的方式，旨在引导企业加强互联网金融和产业深度融合，整合企业的核心优势供应链构建电子商务平台，将优质的债权资产对接到自己的电子商务平台以实现融资。企业通过与传统金融机构达成战略合作协议，银行整合自己的业务、资金、技术等优势并整合企业的供销渠道、交易等数据，将企业的产业与金融服务通过互联网的方式集合在一起，再通过互联网平台募集普通投资者资金投向优质的供应链资产。第二种线上产生资产，然后线下销售的方式，就是利用传统金融机构和互联网公司不同的资源禀赋和技术优势，传统金融机构通过网络化信息处理手段对企业的交易、资金和物流信息进行整合，在线上完成尽职调查和贷款服务工作。金融机构利用企业的电子商务平台提供的交易信息、资金信息和物流信息，以产品方式募集资金购买融资企业的贷款资产，以该资产的收款权收益向投资者返款投资本息。至于产品的销售则根据所打包资产的风险、收益等特征分级定价后向投资机构、投资个人发行。第三种线下产生资产，然后线上销售的方式：互联网金融区别于传统金融最明显的特点就在于其灵活性，金融机构可以将企业线下的贷款业务放在互联网平台上加以利用，设计成为资产证券化的产品在网上销售。

互联网平台基于网络优势，能够更有效地满足各方的交易、信息、物流等需求，而互联网平台所面对的服务对象也更加具有个性。就如同消费者具有个性，企业的融资需求、资金周转需求也都是千差万别，如果金融机构依然想靠之前统一的金融产品拉客户而赚取利差，则肯定会被淘汰。企业在选择能够合作的金融机构，特别是互联网金融机构的时候，更加关注实时性需求的满足和产品能够给予的服务、品牌效应。互联网金融本质上不是互联网，而是金融，仅仅是带着互联网的细胞。在互联网金融产品，也就是企业通过互联网金融平台形成的资产证券化产品销售的时候，应该在风险切割的前提下将金融资产匹配给相应风险等级偏好的投资者；应该在销售的时候对产品的信息做尽量多的披露，避免信息不对称；应该坚决不设立资金池，不做信用中介，不对投资者和融资企业做出收益担保。有实力的企业，可以与金融机构合作，利用互联网平台打造全产业链的金融服务体系和金融生态圈，将自己上下游的企业都纳入这个生态圈当中。当然，最能吸引投资者的，并不是互联网金融平台的文案，也不是网络页面设计得多么好，而是平台的品牌实力、资产证券化产品的盈利能力、金融资产的流动性等回归金融本源的东西。只有建立在这些基础之上的产品，销售才能持续，才能为平台带来更多客户，才能为企业带来更多低成本的资金。

五、回归金融服务的本质

之前提到，互联网金融本质上是金融，之前很多互联网金融平台做起来了，左手邀请投资人，右手找到了融资企业，把双方拉在一起聊了聊，然后就算是完成了一个业务，但是很快项目就做不下去了。为什么？因为做平台的人可能并不懂金融，做金融的人可能又找不到平台。金融机构在向企业推广金融产品或者在为企业提供金融服务的时候，必定先要对企业的信用风险进行评估，也就是所谓的尽职调查。之所以互联网能够在金融领域兴盛起来，就是因为互联网能够将服务对象的面扩展、深度下沉，能够为解决信息不对称提供一个方向和平台。但是，互联网并没有改变信用和风险是金融行业赚钱的基本逻辑，并没有改变收益和风险匹配的基本原则。互联网在金融领域发挥作用，应该是充分发挥手中资源的优势，促进优质资产与低成本资金的有效对接，在两者之间形成一个闭环。

对于互联网金融平台而言，如果不能通过资产证券化手段降低融资成本，则有可能直接使平台面对高成本的资金和高风险资产的双重压力。所以，利用资产证券化来降低资金的使用成本，并且通过风险、期限的分割实现产品风险的降低，加强风险控制，回归金融的本质，才是互联网金融的必由之路。

第一，资产证券化，就算是加上了互联网的翅膀，也仅仅是改变了现金流回收的分配顺序，并没有改变企业资产的质量，也没有改变现金流回流的方向。企业在选择资产进行证券化的时候，应该选择尽量好的资产。所谓好就是流动性强、安全可控、分割方便、权属清晰。这样的资产通过证券化的重新安排和资产切割，才能成为拥有不同信用水平、满足不同投资者偏好的、可交易的证券。否则，再好的包装也仅是缘木求鱼。

第二，互联网金融平台应该是持有企业资产之后再作为平台扮演"撮合"的角色，而不仅仅是负责撮合而不过手资金，否则就不能直接实现证券化的操作。而不是像有的互联网金融平台打着互联网金融的旗号，其实际上却在做中介的工作，即不做产品，也不做分级，仅仅是作为一个平台帮助资金的供需双方洽谈生意，这虽然是提高融资效率的一个方法，但却违背了互联网＋资产证券化的初衷——降低成本、提高资产流动性。

第三，互联网金融还要践行普惠金融的理念。虽然互联网金融在与传统金融机构开展业务的时候会有重叠，但是通过互联网手段能够提高工作效率、下沉客户服务、覆盖更广的人群，同时能够利用互联网的大数据做好信用风险识别及风险定价。如果仅仅是想通过互联网金融避开传统金融的审查和监管，人为降低金融产品的门槛，那将得不偿失。

第四，做好风险的防控。对于风险的控制，一方面要做好信息披露；另一方面是要实现现金流的破产隔离，也就是资产证券化产品的收益不应该回流到资产计划的发起机构中，最好是将收益和风险转移到特定的载体当中，这就需要独立第三方资产服务机构的成长。

从微观角度看，资产证券化是与债权、股权一样的一种金融工具，能够帮助企业降低融资成本、提高融资效率；从宏观角度看，资产证券化能够盘活市场上的存量资本，使得原来缺乏流动性的资产活动起来，以降低企业的负债率。对于有能力创造优质资产的企业来说，资产证券化是一种将原来不具有流动性的非标资产通过资产证券化操作转化为标准化、能流动证券的商业模式。对于互联网金融平台而言，持有这些优质的资产，能够将零售业务、小微企业债券与金融机构的投资资金直接对接起来，从而实现融资成本降低和风险控制难度降低，能够为更多的客户提供打包服务，创造更多的社会价值。

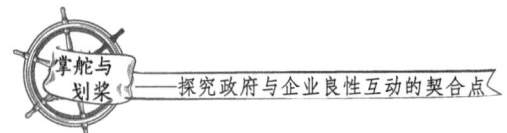

第三节　企业上市（挂牌）领域政府与企业的互动

就当前政策导向而言，企业融资从间接融资转向直接融资是一个趋势，除了发债、票据等，在资本市场上市（挂牌）是众多直接融资手段中最常见，也是最被人关注的一种方式。

企业上市（挂牌）是企业自己的选择，是一种基于自身实力和市场情况分析后企业做出的重大决策。我国目前实行的依然是审核制，即企业如果选择上市，需要经过层层审核，最终由发审会决定是否能够上市，或者经过股权交易中心决定是否能够挂牌。企业要上市（挂牌），政府要给予支持，最便捷的办法就是从失败的例子中寻找途径和办法，少走弯路，尽快成功。

目前，众多没有通过发审会的企业主要存在以下几个问题。一是独立性问题。企业在市场、商标和核心技术等方面受制于控股股东和实际控制人，拟上市企业股东对企业控制能力不足；由于股份制改造不彻底造成对控股股东的依赖。二是持续盈利问题。随着经济社会的发展和产业结构的调整，企业的经营模式发生了重大变化；所处行业的经营环境已经发生了重大变化；对关联方或有重大不确定性客户存在依赖；毛利率较低，受汇率、原材料涨价等因素影响，企业业绩存在风险；企业化解原材料涨价能力弱，主营业务利润长期停滞甚至下降，受市场变动影响较大，抵御风险能力不足；购销严重依赖主要供应商和大客户，材料制作技术不行，成品质量粗糙。三是主体资格问题。主要是报告期内企业的实际控制人发生重大变化，报告期内拟上市企业出资方面存在问题；企业的财务条件存在问题。四是募集资金问题。募集资金项目单一，客户投资风险较大；募集资金投资项目存在不确定性，或者投资项目不在国家或当地支持的项目类别当中；募集资金投资项目存在较大的经营风险。五是信息披露问题。信息没有如实反映公司真实情况，存在故意隐瞒的情况；披露的时间节点混乱，逻辑不清。六是规范操作与内部控制问题。税务问题没有符合相关规定；拟上市公司在报告期内其子公司在未签订正式合同的情况下即向某公司大额发货；拟上市公司对其境外投资的公司未按合营合同规定参与管理；资金占用管理不合理；公司环保问题没有得到实质性解决。七是会计核算不规范。财务资料真实性问题；财务原始单据与申报报表存在较大差异。

一、企业为什么要上市

既然企业上市（挂牌）会遇到这么多磕磕绊绊，等待的时间也比较漫长，在审核的时候还有一定比例的企业被退回重新审核，那么为什么还要上市（挂牌）呢？

从横向上看，主要有以下几方面的原因：①解决融资难问题。据了解，大多数企业IPO的最大目的就是融资。不管是创业还是企业发展都需要资金，企业扩大规模需要资金，扩展业务需要资金，吸引优秀人才需要资金，升级产能技术需要资金。因此，所谓的资本化就是在整个商业环境中形成一种相互匹配的资金供给链。企业在上市后，立刻就有了"市值"，企业家财富也自然而然出现爆炸式的增长。而上市之后，企业还可以选择公开增发、定向增发、配股、可转债等方式。②改善公司治理结构。不少企业在成本控制方面是一把好手，但是在公司治理方面有时会存在"家长制"的风格，对企业的战略发展不利。企业一旦决定上市（挂牌），就要成为股份制公司，就要建立股东大会、董事会、监事会、管理层等法人治理结构。同时，还会引入独立董事、审计部门等监督机构。这样，一套完整的现代股份制公司管理体系就此建立，公司也就成为具有国际化特征的规范化公司，各方面机制、机构也都会健全。企业上市之后，高管基本都拥有股份，公司业绩和股价对高管来说是一个激励，同时也能留住人才。③开展广泛的宣传。不少中小企业的发展以低调著称，常常有一些品牌和一些隐形冠军不为人知，现在的信息社会却需要信息的交换，需要市场清楚地认识企业。根据相关规定，上市公司需要定期与不定期地进行信息披露，以及业内的报纸、杂志等舆论工具会不断地"逼着"企业抛头露面。这样一来，上市（挂牌）为企业带来广泛宣传，在不经意之间就有了市场的关注，

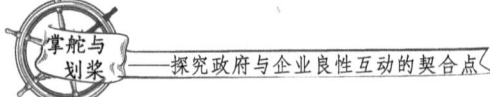

彰显了自己的品牌价值，得到了社会的认识和认可。④不断增加财富。企业最终的目的是为了财富增值，上市之前，企业和股东的财富是按照净资产计算的，上市之后，就转变为按照市价来计算，同时，这种资产还可以流通，增加了财富的变现能力。通过公开上市，企业可以增加净市值、降低债务比率，使企业更容易在资本市场进行低成本融资。

从纵向上看，主要有以下几方面的原因：短期内，为企业股本金带来一次性的大幅增加，公开发行所获的股本金直接成为长期资本性资金，随着资本金的增加，企业利用财务杠杆的能力也大大增加。中期上看，企业在市场上利用上市后广阔的融资平台，通过配股、增发、转债、分离交易债、公司债等多种融资方式，高效快捷地拿到公司发展所需要的资金。看得更长远一些，企业能够获得持续稳定的融资平台和渠道，拥有认股权证等丰富的融资手段，利用资产证券化可以灵活运用多种平台快速转换。

综合横向和纵向，企业通过上市（挂牌）可获得六个效应：第一，融资效应。这个不用说，企业上市最直接的诉求就是融资。在没有上市之前，需要向银行或者企业金融中介机构贷款，不仅获得的资金量较少，还需要支付较高的利息，无形中增加了企业的经营成本。一旦企业成功上市，在获得巨额的无息资金的基础上，还能获得政府奖补资金，这种直接融资方式正被越来越多的企业接受。第二，激励效应。上市之后，企业的高管和一些员工都成了股东，甚至人人都是股东。企业不再是董事长、总经理的企业，而是每一位员工的企业。为自己工作，为自己赚钱，企业效益好了自己的收入也高了，主人翁意识得到强化，这比多少次企业文化熏陶的作用都直接。第三，品牌效应。作为一家公众企业，在多层次资本市场平台上展示自己，实力是得到监管部门认可的。特别是在竞标的时候，说出自己是上市企业，就是无形中的加分项。上市给企业带来的社会声誉、企业形象等方面的提升，集中体现在品牌价值的提升上。而且，企业需要上市就必须独立，拥有自己的品牌。第四，人才效应。上市（挂牌）不仅仅能够带来经济效益，而且还能够赋予企业运用资本手段的能力。特别是在引进人才方面，股权激励越来越被各个企业所重视，将高端人才的未来与企业的发展捆绑在一起，让人才与企业共进退。对于一些高端人才来说，归属感和对未来的期望有时候比金钱更加重要。第五，创富效应。企业上市之后，原来拥有企业股份的员工都会因为高涨的市盈率成为"富人"，更不用说随着公司业绩的提升，股价也随之上升，这些拥有企业股份的人的收入也会逐渐增加。可以说，上市不仅仅让企业富裕起来，也让企业的员工富裕起来。第六，规范效应。目前企业上市依然实行的是审核制，这就意味着企业想要上市就必须过五关斩六将，通过层层严格的审核。从股份制改革到证监局辅导备案，再到社会反馈，每一个阶段都会对企业经营管理提出要求，也迫使企业规范管理，合法经营。

二、财务准备

企业上市最大的动力就是融资，以融资来解决自身财务供给能力不足的问题，但是并不是说上市审核就对公司的财务没有要求。只有企业做好相关财务准备才能通过审核。目前主流的主板、中小板、创业板和"新三板"中"新三板"挂牌要求较低，但融资能力较弱。

（一）股本要求

企业如果选择主板和中小板，那么根据相关规定，发行前股本总额不少于 3000 万元，发行后不少于 5000 万元。公众持股比例不得低于 25%，如果发行时股份总数超过 4 亿股，发行比例可以降低但不得低于 10%。企业如果选择创业板，发行前净资产不少于 2000 万元，发行后股本总额不少于 3000 万元。至于被借壳后上市的公司，根据上市公司股权分布退市"社会公众持股低于总股本 25% 的；股本总额超过 4 亿元，社会公众持股比例低于 10% 的上市公司"的要求，被借壳后上市公司、机构、基金、法人机构、大股东持股合并后的比例不得超过 90%。

（二）盈利和收入要求

收入和盈利实盘是一个企业能否上市的一个关键因素，各资本板块都对此有明确的要求。值得一提的是，根据财务准则的规定，判断公司是否确认收入的一个核心原则就是商品所有权上的主要风险和报酬是否转移给了购货方。主板和中小板要求最近 3 个会计年度净利润均为正数且累计超过 3000 万元，净利润以扣除非经常性损益前后较低者为计算依据。最近 3 个会计年度经营活动产生的现金流净额累计超过 5000 万元，或者最近 3 个会计年度营业收入累计超过 3 亿元。最近一期不存在弥补亏损。创业板则要求最近 2 年连续盈利，净利润累计不少于 1000 万元且持续增长，或者最近 1 年盈利且营业收入不少于 5000 万元，最近一期末净资产不少于 2000 万元。IPO 审核非常看重企业的持续盈利能力，而企业的持续盈利能力主要体现在收入的构成及增减变动、毛利润的组成和各期变动、利润来源的连续稳定性等三个方面。从内外因角度来看，决定企业持续盈利的内因主要包括企业的核心业务、核心技术和主营产品的进销渠道。而影响企业持续盈利的外因主要是主营业务的市场环境、企业在行业中所处的地位、产品市场空间、行业竞争特点、主要客户群体等。IPO 审核收入，不仅仅是审核数量，还会将关注点放在销售环节的内控制度是否健全，销售流程是否规范，单据流、现金流、货物流清晰可验证等问题上。

依法纳税是对每一个企业的要求，上市企业在税务方面的审核将更加严格，应主要注意两个方面：一是资产结构、账目调整之后需要补缴的税款；二是税收优惠。补缴税款没什么可说的，这是企业的法定义务，必须履行。关于税收优惠，主板、中小板、创业板都规定，发行人依法纳税，各项税收优惠政策符合相关法律法规的规定,发行人的经营成果对税收优惠不存在重大的依赖。企业应重点关注自己获得的税收优惠是否属于地方性政策且与国家规定不符、税收优惠有没有正式的批准文件。对于企业得到的税收优惠与国家规定不一样的情形，可以考虑大胆承认地方税收优惠政策不符合国家法律规定，但同时会强调相关优惠依据地方性规定所获得，在当地普遍适用，发行人并无主观过错，因此不属于重大违法行为。一般而言，发行人可以前往地方税务部门取得发行人在报告期内不存在重大违法行为的证明。由于地方的税收优惠政策缺乏法律法规支持，发行人享受的税收优惠存在被主管部门追缴的风险。与未按规定缴纳社保等其他问题的解决方式一样，企业可由控股股东、实际控制人承诺，如未来税务主管机关要求补缴相关税款，将由控股股东、实际控制人无条件补缴。

企业选择上市，资产状况必须良好，资产负债结构必须合理是企业 IPO 上市的硬性条件，主要关注的有以下几点：一是应收账款。包括应收账款余额是否过大、账龄是否过长、与同期收入相比增加是否过快；一些大额的应收账款是否存在关联方占用资金、变相的资金拆借、隐形投资、费用挂账或有损失和误用会计科目等问题；其他应收款项是否有用于隐瞒收入、低估利润，核算是否合规。二是资产结构。包括是否有在建工程处于长期停工状态；固定资产的产权证是否齐全，是否有闲置，是否有残损的固定资产；无形资产的产权是否有瑕疵，作价依据是否合理且充分，无形资产在净资产中的占比是否超过了一定比例。

单独说一下"新三板"，从 2017 年年中开始，"新三板"改革的说法日益增多。虽然目前"新三板"的融资能力和流转率不高，但不得不承认"新三板"市场对于初创期科技含量高、自主创新能力较强的非上市高科技或者互联网股份公司来说有很大的吸引力，在"新三板"挂牌能够拓宽公司的融资渠道、完善公司的资本结构、引导公司规范运行，最关键的是能够提高公司在中小板、创业板、主板上市的可能性，在资本市场分层分类方面发挥了重要作用。"新三板"对于企业的财务要求不高，如企业经营存续期满 2 年，具有稳定、持续经营的能力，股东数量不超过 200 人。

三、同业竞争问题的解决

一些集团企业，会有子公司、分公司，有的选择集团公司上市，有的则

选择拆分上市。选择拆分上市的，会遇见两个显著的问题，一个是同业竞争，另一个是关联交易。

同业竞争，是指公司的控股股东（包括绝对控股和相对控股）、实际控制人机器控制的企业所从事的业务与该公司业务相同或相似，双方构成或可能构成直接或间接竞争关系，可能对公司的业务开展及股东的利益产生不利影响。可见，在同业竞争下，直接、间接地控制公司或有重大影响的自然人或法人及其控制的法人单位被视为竞争方。《上市公司治理准则》（2018 年修订，证监会第 29 号公告）的第六章第二节从上市公司独立性出发提出了具体要求，第七十三条明确规定："上市公司业务应当独立于控股股东、实际控制人。控股股东、实际控制人及其控制的其他单位不应从事与上市公司相同或者相近的业务。控股股东、实际控制人应当采取有效措施避免同业竞争。"可见，在同业竞争下，直接、间接地控制公司或有重大影响的自然人或法人及其控制的法人单位被视为竞争方。如果竞争方从事与上市公司相同或相似业务，一方面会造成利益冲突，不利于上市公司的独立性；另一方面，容易在未来经营中出现竞争方转移上市公司利益，损害上市公司股东利益的情形，阻碍上市公司的发展。所以，在 IPO 审核中，同业竞争被予以高度关注并明确禁止。

经过筛选，对同业竞争进行规定的法律文件主要有以下几种：一是《首次公开发行股票并上市管理办法》（2018 年修订，中国证券监督管理委员会令第 141 号），其第四十二条规定："发行人应当在招股说明书中披露已达到发行监管对公司独立性的基本要求。"二是《首次公开发行股票并在创业板上市管理暂行办法》（2018 年修订，中国证券监督管理委员会令第 142 号），其第三十四条规定："发行人应当在招股说明书中披露已达到发行监管对公司独立性的基本要求"。三是《公开发行证券的公司信息披露内容与格式准则第 1号——招股说明书》（2015 年修订，证监公告〔2015〕32 号），其第五十一条规定："发行人的业务独立于控股股东、实际控制人及其控制的其他企业，与控股股东、实际控制人及其控制的其他企业间不存在同业竞争或者显失公平的关联交易"。第五十二条规定："发行人应披露是否存在与控股股东、实际控制人及其控制的其他企业从事相同、相似业务的情况。对存在相同、相似业务的，发行人应对是否存在同业竞争作出合理解释"。第五十三条规定："发行人应披露控股股东、实际控制人作出的避免'同业竞争'的承诺"。四是《公开发行证券的公司信息披露内容与格式准则第 28 号——创业板公司招股说明书（2015 年修订）》（证监会公告〔2015〕33 号），其第四十九条规定："发行人的业务独立于控股股东、实际控制人及其控制的其他企业，与控股股东、实际控制人及其控制的其他企业间不存在同业竞争或者显失公平的关联交易"。第五十条规定："发行人应披露是否存在与控股股东、实际控制人及其控制的其他企业从事相同或相似业务的情况。对存在相同或相似业务的，发行人应对是否存在同业竞争作出合理解释"。第五十一条规定："发行人应披露控股股东、实际控制人作出的避免'同业竞争'的承诺"。五是《公开发行证券公司信息披露的编报规则第 12 号——公开发行证券的法律意见书和律师工作报告》（证监发〔2001〕37），其第三十八条规定："（一）发行人是否存在持有发行人股份 5% 以上的关联方，如存在，说明发行人与关联方之间存在何种关联关系……（六）发行人与关联方之间是否存在同业竞争。如存在，说明同业竞争的性质。（七）有关方面是否已采取有效措施或承诺采取有效措施避免同业竞争。（八）发行人是否对有关关联交易和解决同业竞争的承诺或措施进行了充分披露，以及有无重大遗漏或重大隐瞒，如存在，说明对本次发行上市的影响。"

　　根据相关法律文件，同业竞争考察的主要是准备上市公司的控股股东、实际控制人及其控制的企业，同时还会涉及持有拟上市公司股份较多（通常是 5% 以上）的关联方之间是否存在同业竞争的情况。但是值得企业关注的是，审查中同业竞争的竞争方往往不限于拟上市公司的控股股东、实际控制人及其控制的其他企业和持有拟上市公司股份 5% 以上的关联方，控股股东、实际控制人的亲属、上市公司董事、高管人员也在同业竞争的竞争方核查范围内。在

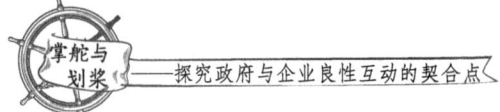
持股 5% 以上的非控股股东构成竞争方的情形下，首发过程中，持股 5% 以上股东可以认为是主要股东、关联方，按照要求，需要与拟上市公司的控股股东、实际控制人，以及拟上市公司的董事、监事、高级管理人员等责任主体一并出具重要承诺以及未履行承诺的约束性措施。从审慎角度出发，目前首发审核将持股 5% 以上的非控股股东纳入同业竞争方核查的范围之内已成为监管部门审核的常规操作。在实际控制人亲属构成竞争方的情况下，2010 年证监会发行部的一份公开的会议纪要可以被当作处理这种情况的依据，会议纪要是这样写的："原则上，拟上市公司控股股东、实际控制人夫妻双方的直系亲属拥有的相竞争业务应认定为构成'同业竞争'；对于拟上市公司控股股东、实际控制人夫妻双方的其他亲属拥有的相竞争业务是否构成'同业竞争'，应从相关企业的历史沿革、资产、人员、业务和技术等方面的关系、客户和供应商、采购和销售渠道等方面对每一个公司的实际情况进行分析判断，如相互独立，则可认为不构成'同业竞争'；审核中应要求保荐机构对拟上市公司控股股东、实际控制人夫妻双方的亲属的对外投资情况进行核查，以判断是否存在拥有相竞争业务的情形；对于利用其他亲属关系，或者以解除婚姻关系为由来规避'同业竞争'的（企业应该谨慎使用这两种方式，因为实际操作中证券公司和监管部门会从严把握，要求在报告期内均不存在"同业竞争"），且相关企业之间完全独立规范运作，不存在混同的情形；对于拟上市公司的控股股东、实际控制人夫妻双方的亲属拥有与拟上市公司密切相关联的业务是否影响拟上市公司的独立性及符合整理上市的要求，参照上述原则执行，即拟上市公司的控股股东、实际控制人夫妻双方直系亲属拥有与拟上市公司密切相关联的业务，原则上认定为独立性存在缺陷，其他亲属拥有则按照相关规定进行个案分析判断。"对于拟上市公司董事、高管人员及其直系亲属构成竞争方的情形，《中华人民共和国公司法》（以下简称《公司法》）第一百四十八条规定，董事、高级管理人员不得"未经股东会或者股东大会同意，利用职务便利为自己或者他人谋取属于公司的商业机会，自营或者为他人经营与所任职公司同类的业务"；《公司法》第二百一十六条规定："关联关系，是指公司控股股东、实际控制人、董事、监事、高级管理人员与其直接或者间接控制的企业之间的关系，以及可能导致公司利益转移的其他关系。"另外，现在执行的《保荐人尽职调查工作准则》（证监发行字〔2006〕15号）第三十二条规定，保荐人需"调查高管人员的其他对外投资情况，包括持股对象、持股数量、持股比例以及有关承诺和协议；核查高管人员及其直系亲属是否存在自营或为他人经营与拟上市公司同类业务的情况，是否存在与公司利益发生冲突的对外投资，是否存在重大债务负担"。上市公司董事、高管人员未经股东会或者股东大会同意，利用在公司担任的职务之便为自己或者他人谋取原本应属于公司的商业机会，自营或者为他人经营与所任职公司同类的业务的行为属于违法行为，即便是不考虑是否构成"同业竞争"，也构成公司首发上市审核中的障碍。

那么，企业如何解决同业竞争问题呢？可以考虑采取以下几种办法。一是从营业执照入手，看营业执照上的经营范围是否有相同或相类似之处，如果有相似之处，企业可以去工商部门申请变更登记。二是对经营项目进行细分或者剥离，通过行业细化将拟上市公司与可能有同业竞争关系公司的经营范围予以区分，在营业执照上成为不同的分支；将构成重合且未实际经营或者实际业务量较少的部分从经营范围中予以剥离。三是拟上市主体向监管部门进行解释，可以从主营业务和业务模式，客户对象以及市场范围分割，产品规格或型号、掌握核心技术情况，组织、人员、财务等方面进行独立性解释。四是进行资本层面的操作，可以将目标公司的主营业务剥离，转让给第三方；可以将构成同业竞争的企业中的竞争方股份、股权转让出去，并请竞争方人员辞去担任的董事、高管职务；可以将该企业或该业务买过来作为拟上市企业的子公司或兄弟公司；也可将竞争企业进行清算、注销。还有可以签订补充协议，就是拟上市公司与关联企业签订"避免同业竞争市场分割协议"或者补充协议。这种签订补充协议或者写保证函的方式，最近几年被接受的越来越少，除非遇到特殊的情况，企业应该慎用。

四、关联交易问题的解决

作为与同业竞争并列的企业上市审核难题，关联交易在企业上市首发审核的时候常常被提及。所谓关联交易，就是指企业关联方之间的交易，比如企业股东的另外一家公司或者该企业的分公司与本公司之间的交易。关联交易在公司经营中经常出现，而且容易产生非公平结果的交易。之所以会存在关联交易，是因为在市场经济条件下，交易双方能够产生经济效益，节约大量的商业谈判成本，能运用行政手段保证签订的合同优先执行。但是，关联交易同样有不利的方面，特别是在定价和交易方式上，由于处于非竞争环境，非常容易出现不公平的情况，损害部分股东的权益，同时在税务上会造成国家的损失。对于强调"独立性"的IPO审核，关联交易经常成为大企业上市的"门槛"，特别是境外企业选择在中国境内资本市场上市的时候，更是让企业非常头疼。

在查阅相关政策文件（主要是《会计准则第36号——关联方披露》）后发现，关联交易的类型主要有以下几个方面：①购买或者销售商品；②购买或者销售商品以外的其他资产；③提供或者接受劳务；④担保；⑤提供资金，包括贷款或者股权投资等；⑥租赁；⑦代理；⑧研究与开发项目的转移；⑨许可协议；⑩代表企业或者由企业代表另一方进行债务结算等。

关联交易问题不解决，企业IPO审核一定困难重重，就如同同业竞争问题不解决一样。具体解决方法主要分为两种，一种是保持关联交易，另一种是关联交易非关联化。保持关联交易，第一要做到关联交易的价格公允，要与市场上同类同型号产品的合同对比，不能以关联交易操纵利润，市场交易行为要有合理性。第二是关注重大关联交易占上市公司同类交易的比例，做好交易公允性的解释工作，特别是要充分考虑到交易对手成本与收入的比例。第三是保证提供的材料、交易客户的真实性，保证业务确实是实际发生的。关联交易非关联化，第一种是在申报期内将业务转让给无关的第三方运作，要保证非关联化的合法性、合理性和真实性，业务的受让第三方必须要独立。第二种是采取直接注销的办法，企业对注销的程序、资产和债务的处理等要高度关注，不能出现故意操纵利润的情况。在非关联化之后，企业要足以保持，并且对非关联化的理由和之后的交易进行补充、披露或解释。

关联交易问题处理起来，经常遇到"打断胳膊连着筋"这种情况，有的企业完全是为了审核而进行关联交易的处理，在审核上市后又将关联方"买回来"。所以在解决关联交易这个问题时，应特别注意以下问题：尽量不要做关联交易非关联的安排，很容易解释不通导致审核不过；不要单纯为了通过审核而进行非关联化的操作，有可能会导致企业整个经营模式大变动；根据相关规定，即使企业进行了非关联化之后，相关信息披露也应该将非关联化交易作为关联方交易，来披露关联交易对企业的影响；注销、清算、转让等操作之中，价格是否公允、是否掩盖之前的不正当交易，以及操作的程序、操作方式、人员的安置等会是审查的重点；尽量多、尽量详细地披露关联信息，弄清楚公允和非公允关联、实质与虚构关联、重大与非重大关联，已便审核机关做出准确的判断。

五、政府支持

虽然企业上市（挂牌）是企业的自主选择，但是政府能够从企业上市当中得到众多的好处。企业上市（挂牌）是一个大战略，关乎全局、着眼未来。政府支持企业上市（挂牌）就是支持企业转型升级。地方经济要转型，地方社会要发展，就要主动拥抱资本市场，就要大力集聚一批上市公司。抓企业上市就是抓重大项目。一个上市公司就是一个总部经济，政府常说的招商，最高级的招商应该是资本招商和金融招商。上市公司不断募资融资，新项目不断落地开花，本身就是招商引资。政府如果紧盯投资本土化和项目本土化，最大限度争取上市公司募资融资资金流向当地、把新项目落在当地，就达到了招商引资的目的。同时，支持企业上市（挂牌）就是做好富民惠民工程。企业是社会财富的直接创造者，上市公司做大做强，就能创造更多更优质的就业岗位，其对

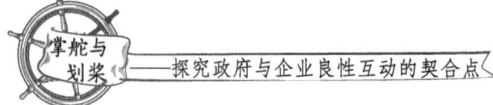

产业层次的辐射带动必然推动财富能级和居民收入同步跃升。上市公司是地方政府财政收入的稳定来源，政府财政收入增加了，就有更多财力投向基础设施、公共服务等方面，惠及老百姓。

支持企业上市（挂牌）工作，不仅仅是支持企业IPO审核，在企业IPO之后还需要进一步深化支持工作，才能使企业切实感受到上市（挂牌）带来的好处，以便在企业朋友圈中形成共识，争取更多的当地企业上市（挂牌）。

第一，政府要建立企业上市（挂牌）信息库，全面掌握企业动向。通过深入排查已经上市（挂牌）的企业，对已上市（挂牌）企业分地区、行业、资本来源、挂牌板块等罗列，对企业的主营收入、产值、利润、税收、用工等主要经营管理数据进行统计，并保证动态更新。对这些企业加强调研，重点了解这些企业在上市（挂牌）前后经营数据的变化、上市（挂牌）过程中存在的困难以及如何解决、目前经营管理销售中遇到的相关问题以及准备如何解决、当前企业增资扩股的意向，从相关业务单位了解企业资金流向，特别需要注意资金境外流动情况。要积极储备上市（挂牌）后备企业，挖掘培育上市资源，实施企业上市资源培育工程，分门别类进行扶持。培育一批体量较大且是行业龙头、地方经济支柱、主业突出、业绩优良等如"独角兽企业"适合在主板上市的企业；培育一批具有体量不算太大但技术含量高、自主创新意识好、核心竞争力强等特点的适合在创业板和中小板上市的企业；培育一批体量较小但采用新商业模式、文化创意类的适合在新三板挂牌的企业；培育一批刚起步发展、管理规范，具有发展前途的适合在地方性股权交易中心挂牌的企业。定期举办各类资本市场的讲座、培训班、推介会，提高企业对资本市场的认识，为企业上市（挂牌）创造良好的社会环境。尽量前置上市（挂牌）服务，重点支持企业股份制改造工作，全力支持有上市意向的企业规范改制工作，合力解决疑点、难点问题。对企业初始发展阶段中存在的问题，要本着尊重企业、利于长远的原则，妥善协调处理。相关部门要通过先期介入，指导、教育、警示、限期整改等方式，引导企业股份制改造后守法经营、规范管理，尽快达到上市（挂牌）条件。

第二，政府要完善上市（挂牌）综合服务平台，优化资源配置。关键的一点是要明确平台功能定位，上市（挂牌）综合服务平台应成为为企业搭建涵盖丰富金融产品和增值服务一体化的"互联网＋"综合金融服务平台，实现企业需求与金融资源的有效、自由对接，企业金融需求（包括上市需求）可以在平台上寻找到合适的解决方案。要完善平台服务模式。综合服务平台最好采用"线上＋线下"金融服务模式，在广泛宣传和严格审查录入的前提下，企业和金融机构线上发布企业上市（挂牌）等金融需求、金融机构创新产品服务等信息，充分发挥市场的资源配置作用，辅以"互联网＋"的信息匹配功能，实现企业与金融机构自主对接和双向选择。在线下操作中，金融机构根据企业需求统筹资源、有效撮合，为企业定制个性化上市（挂牌）、融资租赁、信用评级、收购并购等资产问题的解决方案。要配套平台机制建设。建立实时对接机制，利用互联网和移动通信技术，实现信息在企业、机构、平台间及时传送和反馈，提高服务效率；建立企业与金融机构互动机制，平台为企业和金融提供互联互动的空间，增进合作双方之间的了解，形成两者互信的和谐合作关系；建立激励约束机制，披露金融机构产品创新、业务成效、特色服务、成功案例和客户企业相关情况等客观信息，通过金融机构和企业之间的交流互选，相互约束、相互督促，形成良好、诚信的合作交易环境；建立监控管理机制，政府主管部门监控平台运行情况，掌握平台运行大数据，严格把握相关业务的合法合规性，必要时提出风险警示。

第三，政府要做好企业征信的推广工作，夯实上市（挂牌）企业融资基础，优化金融服务环境。加快建立企业信用评价体系，鼓励更多有条件的征信机构参与到已经和拟上市（挂牌）企业信用评价体系建设中来，加快完善地区性企业征信系统建设，推进企业信用信息的授权采集，形成一个多维度、广覆盖的企业信用信息动态的大数据库。充分发挥地方性企业征信系统、公共信用信息服务平台和人民银行企业信贷信息系统的作用和协调功能，提升专业分析评价

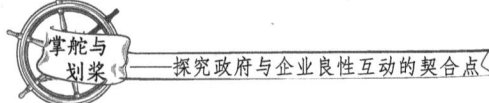

能力，通过设计指标体系、市场主体评价、构建数据模型等多种方法和手段，建立基础的企业信用评价体系。强化信用评价应用的实际效果，增强企业信息透明度，开展企业信用评价，利用互联网技术建立完善的企业诚信记录，积极发挥信用评价机制在企业投融资、增发等过程中的重要作用。加强和改善守信企业的融资服务，营造金融机构愿意贷、敢于投，企业能融资、还得上的和谐、安全、诚信的市场环境。建立信用激励机制，定期公示信用状况优良的企业，引导和鼓励企业诚信发展，培育一批守信用、有契约精神的企业，努力形成企业以信用记录获融资、以融资促发展的局面。充分发挥企业信用经济效应，政府可以在设立担保基金的基础上，鼓励商业银行以企业信用评价为核心，综合考量企业的履约和偿债能力，为企业提供信用贷款；鼓励担保公司为企业提供无反担保条件的融资信用担保；鼓励保险公司为企业提供贷款保证保险，为企业在资本市场发债提供保险；鼓励企业在证券市场发行公募或私募公司债券；协助企业向有关部门申报企业债券的办理。

第四，政府要鼓励金融机构加强与企业合作，创新金融服务模式。一是推动一批商业银行、保险公司、证券公司与政府部门合作建立"金融支持中心"等专门机构。最好由省一级的金融主管部门牵头，联合中国人民银行、中国银行监督管理委员会、中国证券监督管理委员会、中国银行保险监督管理委员会根据企业上市（挂牌）金融服务需求特征，共同制定"金融支持中心"建立规范。通过"金融支持中心"的设立，解决政府部门缺乏专业技术和人才、上市（挂牌）后期服务滞后、风险容忍度偏低、缺乏差异化考核制度等问题，推动金融机构传统管理和运营模式的创新，重点提高金融服务精准度。二是推动金融机构加强同业和混业合作。联合成立"金融支持中心"的商业银行、保险公司、证券公司，信誉良好、运行水平较高的担保、创投和信贷公司，地方政府投资的证券公司、信托机构，地方股权交易中心以及其他符合条件的金融机构，通过组建银团、共保体、投贷保联合体等多种形式加强同业和混业合作、传统与新型互动，发挥集合优势，打破金融分业经营和产品同质化困局，重点为无法自主对接满足企业股改、上市（挂牌）技术操作等需求的企业制定解决方案。

第五，政府要支持企业自力更生、做大做强，挖掘资本运作潜力。鼓励优质企业进行并购。设立并购引导基金，通过招投标方式选择有实力的并购专业机构，设立 3~5 支并购基金，引进国内优质资源为上市（挂牌）企业并购重组服务，促进上市（挂牌）企业加快技术升级、介入新兴行业，推动 IPO 企业通过并购重组做大做强。鼓励与地方政府配合默契的一批证券公司加快发展上市公司并购业务，受托管理并购引导基金，支持企业通过并购重组做大做强；发挥证券公司在场外市场业务方面的优势，为企业提供挂牌、做市、增发、再融资的一条龙服务。支持企业以金融为纽带开展各要素交易，推动地方性金融资产交易中心完善功能，积极探索适合企业需求的各类金融资产交易业务，通过为企业设计直接融资产品，利用众筹、私募等渠道帮助企业募集资金或资本。鼓励金融机构与企业共同探索企业知识产权、排污权、碳排放权、暂存生产要素等市场价值实现形式，设计适合企业需求的各类产权融资产品和股权融资产品，对接金融资源帮助企业实现融资、配资。引导企业做好风险控制，督促企业时刻明确自身战略定位，积极推出专业化的经营管理策略，审慎多样化经营；帮助企业完善财务制度，不断顺应市场变化改善管理，建立周详的财务审核制度和工作计划；搭建平台支持企业与社会、投资者接触，增进相互了解；鼓励企业建立长远战略，增强资本运作的灵活性和抗压能力，在风险可控的基础上拓展布局。

第四节 政府需要支持外资企业在境内上市（挂牌）

随着改革开放的步伐越发稳健，中国的对外开放战略越来越受到境外资本的认可，一些境外企业开始登陆境内资本市场，特别是一些具有全球影响力的大集团，开始通过资本市场完善自己在中国境内的布局，这是非常值得关注的。

一、企业的选择

外资企业在境内上市后，经济实力方面会有很大提升，主要体现在以下三个方面：首先，企业资本结构发生了变化。上市之后资本流动比率将呈上升趋势，企业偿还短期债务能力不断增强，资产负债率将总体下降，产权比率下降还将使债务人的资本得到更好的保障，资产结构不断优化。其次，企业募集资金的渠道增多。相对于原本外资企业授信难以通过审批，上市公司可以通过公开发行证券（包括首次公开发行股票、配股、增发、发行可转换公司债券、分离交易的可转换公司债券、权证等）以及非公开发行证券向投资者募集并用于特定用途的资金。最后，企业资本运作能力增强。企业进行资本运作，主要是为了获得资本优势地位并且较快地涉足目标行业。由于外资企业的特殊性质，一些行业和领域暂时未对纯外资企业开放，而企业上市之后，特别是上市带来的资产证券化，使得企业可以更加自信地运用并购重组、股权投资、资产置换、战略联盟等资本运作方式，从而在微观上有利于外资企业扩张企业规模、提升企业竞争力和经营效益、巩固企业扎根中国发展的信心和决心；在宏观上有利于增强外商产业资本影响力、优化境内外资企业产业结构布局。

外资企业相对于境内的民族品牌和"百年老店"，在品牌影响力和话语权上有着一定差距。而公开发行与上市（挂牌）具有很强的品牌传播效应，对企业的品牌建设作用巨大。一方面，发行上市直接提升了外资企业在中国境内行业中的知名度，将会得到更多的关注。由于上市公司的运作是相对透明的、运营是受到监管的，比运作不透明、运营不受监管的非上市公司更让人放心，所以客户、供货商和金融机构会对已经上市（挂牌）的外资企业更有信心。外资企业将更容易吸引新客户，供货商更愿意与之合作，银行会给予更高的信用额度。另一方面，通过发行上市提升了外资企业的品牌影响力，在经营销售、利润获取方面有突出贡献。

外资企业要想在中国境内永续发展，很重要的一个途径就是实施"本土化战略"，而在本土化战略中人才是关键，作为在境内发展的外资企业，需要广纳贤能，而吸引人才无非需要做好三点：一是企业发展前景与个人意愿相匹配，二是个人在企业中有充分的成长空间，三是能够享有满意的待遇。外资企业通过在境内上市（挂牌），一方面，对境内人才的吸引力较大，企业经济能力大幅度提升，在工作环境和待遇上与其他企业相比有优势，且上市的企业目标一般都比较长远和宏大，企业的远景规划一般都在二十年左右，这就为企业员工提供了发展空间和与企业共成长的亲密感。另一方面，外资企业在境内上市，对境外人才特别是对外资企业母公司所在地人才的"虹吸效应"将显现，特别是针对高技术人才的股权激励，以及上市公司公开透明操作消除境内外之间信息不对称造成的误解，将对因为世界经济疲软导致薪金增长缓慢的境外青年才俊吸引力颇大。

二、政府的选择

随着中国经济发展逐渐成为世界经济的主要引擎，发展优势的不断显现，外资集聚发展的前景越来越好。近年来，不少地区都提出打造"总部经济"，相关政策制定者提出让相关的产业总部进行集聚，不一定要形成完整的产业链，而是争取将企业的总部设立在当地，促进关联资源融合发展、高端产业集群发展，发挥出更大的集聚效应。一方面，就外资企业群体而言，中国的 GDP 目前占全世界的 15% 左右，而企业上市之后，其总部一般都在上市公司所在地，为了降低企业之间的沟通成本，越来越多的外资企业会将总部设在中国境内。另一方面，对中国境内企业而言，面对外资企业集聚的态势，对于它们在当地设立办事处、加强与当地外资企业的经贸往来同样有很大的动力。

在中国境内投资的外资企业普遍存在先有境外地区公司然后才到中国境内发展的投资模式，两地或者多地公司同时存在，而且境外公司的规模普遍大于境内公司。境内公司最初一般是作为一个生产基地，公司的重心仍然在境外母公司所在地区，核心技术和决策权仍然牢牢地掌握在境外母公司手中，外资

企业往往通过采购、销售等关联交易方式将境内子公司利润转移到境外母公司，境内公司的账面利润普遍不高。外资企业在中国境内资本市场上市后，由于中国的宏观经济发展的态势明显好于境外大部分国家和地区，境内公司的资金实力很有可能会超过境外大部分的其他子公司甚至是母公司，境外关联公司的技术、人才等将顺应经济规律流入中国境内，对各地政府深挖世界各地的优势产业潜能、筑牢境内经济外资基础有重大促进作用。上市后监管更加严格、关联交易更加规范，外资利润转移将受到限制，外资企业的境内公司利润向境外母公司或"避税天堂"转移难度加大。同时，企业一旦决定上市，就要成为股份制公司，就要建立股东大会、董事会、监事会。管理层等法人治理结构，还会引入独立董事、审计部门等监督机构。这样，一个有限责任公司就成了现代股份制公司，外资企业经营管理将更加规范化，各方面的机制机构也都会健全。企业上市之后，高管基本都拥有股份，公司业绩和股价对高管来说是一种激励。公司的运营更加公开透明，对于打造良好的运营环境非常有利。

在中国境内投资生活的外商在中国对外开放中起着基础性作用，对境内外在经济、文化、社会，乃至政治方面的沟通、交流中都发挥着联结作用。特别是在"一带一路"倡议提出的"充分依靠中国与有关国家既有的双多边机制，借助既有的、行之有效的区域合作平台，'一带一路'倡议旨在借用古代丝绸之路的历史符号，高举和平发展的旗帜，积极发展与沿线国家的经济合作伙伴关系，共同打造政治互信、经济融合、文化包容的利益共同体、命运共同体和责任共同体"。外资企业在中国境内上市之后对境内外经济融合发展带来了很多好处。一是境内外企业相互参股，交互交融发展，在资产中实现了"你中有我、我中有你"，方便境内资本参与国际资本市场进行并购和控股；二是外资企业可以作为国际经济社会交流的媒介，在公布经营业绩和数据的同时，特别是利用好股东大会的召开，让全世界多了解中国；三是境内外企业交叉持股之后，方便企业在技术和人才上的互补，特别是遇到产业优势明显、具有发展潜力的外资企业，就可以在境内资本市场实现对外资企业的控股和收购；四是促进外资企业与境内金融机构等经济组织互动交流，在公司上市辅导、资产证券化、企业资产管理等方面借鉴学习，在金融领域形成更多共识；五是通过在境内资本市场上市（挂牌），外资企业拥有更多的可利用资金分散自身投资，有利于延伸外资企业在境内的触角，政府应鼓励它们更多地投资生物医药、精密机械制造等境内企业家不占优势的产业，境内企业可借此机会汲取国际经验。外资企业在境内上市，中国境内资本市场为外资企业提供了更多的资金，使境内外地区形成更加紧密的经济联系，也使世界各地的经济体直观感受到中国在各方面的优势。

中国正在逐渐壮大多层次资本市场，现在耳熟能详的有地区股权交易中心（新四板）、全国中小企业股份转让中心（新三板）、深圳证券交易所中小板、深圳证券交易所创业板、深圳证券交易所主板、上海证券交易所主板等。外资企业不一定每个都是大块头，通过鼓励它们在境内上市（挂牌），能够为中国境内多层资本市场引进大量的境外资本，活跃整个资本市场的环境，增强资本市场实力，增加资本市场市值，提高应对金融风险的能力。

三、外资企业在境内上市（挂牌）困难不少

根据相关规定，企业进行 IPO 应当具备独立性。独立性主要表现在公司应在资产、人员、机构、财务和业务五个方面独立。不可避免的是，同业竞争和关联交易一直是 IPO 独立性问题的审核要点，在中国境内的外资企业由于特殊的身份，经常会遇到困难，境内外资企业角色尴尬。多数在中国境内的外资企业不具备自主品牌和自主经营能力，只是境外母公司的从属。有的充当着境外母公司和其他子公司的配件加工部门，有的只负责生产产品并不负责销售。在一些如股份制改革、总部搬迁、财务报表合并等重大业务工作方面，境内的外资企业往往需要征求境外总部的意见，且缺乏话语权。集团内部交易不规范。一些经济效益好、规模大的外资企业在中国境内往往不仅有一家企业，这类外资企业的子公司与母公司、子公司与子公司之间的内部交易有时会采取一些不

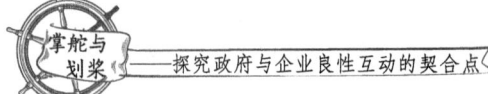

合理或打擦边球的手段，来减少企业经营管理成本，如采用转移定价等方式来避税。这些情况在面对严格的上市审查时，会成为企业的弊端所在。业务主管部门缺乏明确标准。关于同业竞争，2015年11月6日，中国证监会网站发布《首次公开发行股票并上市管理办法（征求意见稿）》修订说明和《首次公开发行股票并在创业板上市管理办法（征求意见稿）》修订说明中取消了关于同业竞争的要求。关于关联交易，也仅是在各类文件中指出关联交易的定义。对于两种情况该如何避免和规范，暂时还没有认定标准和具体操作的文件出台，企业着手解决此类问题缺乏一个参照和方向。

目前，进入境内资本市场的方式可以分为上市和挂牌，上市包括上海证券交易所、深圳证券交易所的主板，以及深圳证券交易所的中小板和创业板；挂牌包括全国中小企业股权交易中心（新三板）和各地的股权交易中心（新四板）。如此众多的资本市场板块，外资企业选择起来却非常困难。各板块上市限制不一，多层次资本市场都要求企业必须转换为股份制公司，并且在财务、资产、税收、结构等方面做了严格的要求和限制。其中主板要求的条件最为严格，中小板、创业板次之，新三板和新四板最为容易。甚至有券商表示新三板和新四板只要企业拿定主意，就一定可以登录。各板块融资能力差距大，越严格的审核限制带来越雄厚的融资能力，主板、中小板、创业板的融资能力较好，而新三板和新四板的融资能力较差，不少企业只是将新三板和新四板作为一个展示平台和上市的入门选择，要么等着金融机构看重后定向增发或者被大公司并购，要么等着企业成长向更高层次板块进发。板块之间流转困难。目前，中国的多层次资本市场已经基本建立，但是板块与板块之间没有上下流动的渠道，也没有正式的文件对板块之间企业流动的标准和形式进行规定。如果企业选择转板或升板，就必须要重新再走一次上市（挂牌）的程序，在经济、时间和精力上对企业是一种考验。各板块定位不明。每一个企业都可以自由选择板块上市，每一个板块只有名称上的差别，但特色不够鲜明，只是在经济条件上设了下限，但没有"封顶"，没有为企业选择具体的板块定"规矩"。

对外资企业而言，在中国境内资本市场上市（挂牌）不仅能够拓宽融资渠道，更能提升社会形象、拓展销售渠道、吸引各类人才，以便以更加积极的姿态融入中国的经济社会的发展大潮中。但多数外资企业对在中国境内资本市场上市这项工作认识不到位，有的企业认为上市单纯是为了融资。不少经营良好的外资企业经过二三十年的发展积累了雄厚的资金，加之技术先进、销路畅通、融资渠道广，不存在资金的需求，故而从融资的角度来看，这些企业对上市工作持无所谓的态度。但是在运用资本市场提升品牌形象、促进与境内资本融合发展、招引高新技术人才等方面，缺乏统一的思考，导致对此项工作不积极。有的企业认为在上市后会受到更多监管。成功上市（挂牌）就意味着企业成为一家公众企业，本着对资本市场负责的原则，证券行业主管部门依据法律法规会要求企业尽可能多地披露企业信息。有的企业则认为，这会导致企业经营管理受到掣肘，不能完全按照自身的理念进行发展，并且要公布很多原本可以保密的数据和动向，不利于企业运筹长远的经营战略。

目前，境内公布的相关法律法规，对中资企业、外资企业的上市审核都是一视同仁的，没有任何歧视。但是包括外资企业、证券机构等市场主体，对外资企业在境内资本市场上市仍然存在顾虑。第一，对上市限制存在疑虑。不少外资企业和证券机构对外资企业在中国境内上市存在一些疑虑，认为业务主管部门会人为设置限制、抬高门槛阻碍甚至直接否决。企业和证券公司都担心会因为中国政府与外资企业母公司所在地政府关系的变动，导致前期的上市（挂牌）工作前功尽弃。第二，认为在中国境内上市成本比较高。企业 IPO 不仅仅需要申报材料和等待审核的人力和时间成本，还需要支付给券商和中介机构的费用，一些企业在完善股权结构、调整财务账目等改制工作后还要进行利润计提等，财务成本较高。特别是在对财务进行合规调整后，有的企业需要补缴高额税费，这对企业的积极性影响较大。第三，存在路径依赖。由于一些外资企业负责人对中国境内的多层次资本市场缺乏系统性认识，对上市（挂牌）工作流程、途径了解不多，外商同境内企业家缺乏交流，所以很多对中国境内资本市场的认识都集中在外商"圈子"中，受"圈子"影响较大，往往存在跟风选择上市路径的现象。第四，境外的证券市场、证券机构会定期来境内各省市巡回招引企业在境外上市，不少境外地区资本市场虽然市盈率不及中国境内，但审核速度更快，成本更低，对外资企业有一定的吸引力。由于中国与境外的法律政策存在差异，在外资企业在中国境内上市（挂牌）准备过程中，一些企业很难通过母公司所在地业务主管部门的审核，如在并购境外关联公司、转投资、资金流出等方面受阻。

四、政府针对外资企业在境内上市（挂牌）的服务

政府首先应该要完善政策法规管理体系，努力构建服务型政府，出台相关支持外资企业上市的政策或在既定的支持企业上市的文件中明确适用于外资企业，提高政府办事效率。证监会发布的《中国证监会关于发挥资本市场作用服务国家脱贫攻坚战略的意见（2016）》，明确提出实行"专人对接、专项审核""即报即审、审过即挂"政策，建议借鉴该政策充分发挥资本市场效用支持外资企业发展；建立外资企业上市的单独管道，或者能够采取配额审批，即批准10~15家境内企业，就批准1家外资企业，缩短外资企业上市所需的等待时间。

政府要加强对外商、外资业务部门的培训。各地外资主管部门可以与当地金融部门、金融机构合作举办上市（挂牌）业务推介会和讲座。重点就境内外证券市场的差异、中国境内资本市场的审核要点、当地政府扶持企业上市（挂牌）的政策、登陆中国境内资本市场的途径等进行专题培训，使外商能够更快、更翔实地了解中国境内资本市场，使外资业务部门工作人员在支持外资企业上市（挂牌）方面发挥助推器的作用。要广泛宣传上市（挂牌）优惠措施，由于企业（上市）挂牌的优惠措施多是由地方政府出台，则可以由各外资主管部门与金融办合作，整理当地支持企业上市（挂牌）的优惠政策措施，梳理出适合外资企业在中国境内资本市场上市（挂牌）的具体条文，编印成册，借走访、

调研、座谈会、新媒体等方式向企业宣传政策、送服务。要帮助外企借鉴成功上市（挂牌）经验，政府可以与专业机构合作，编印关于外资企业在中国境内资本市场上市的实操手册，以便向外资企业宣传。政府要支持和引导地方外资企业协会邀请在中国境内成功上市（挂牌）的外资企业与当地外资企业分享成功经验，帮助正在筹备上市（挂牌）的外资企业借鉴经验、吸取教训，更好地规划上市（挂牌）工作；不定期举办外资企业上市（挂牌）业务交流会，鼓励外资企业在会上交流上市（挂牌）过程中的做法，共同商议解决存在的困难。要搭建金融机构与外资企业合作平台，加强与上海证券交易所、深圳证券交易所、全国中小企业股权交易中心、地方股权交易中心（四板市场）等一级市场的合作，组织外商前往证券交易市场总部，帮助外商和外资企业更加直观地了解中国境内的多层次资本市场。当地政府可以通过合作举办辅导讲座、业务宣讲会、联合调研、座谈会等形式为金融机构和外资企业合作搭建合作平台，并跟踪合作进程。

严审外资企业上市流程。一是要避免外资企业借政策之便上市圈钱卖壳。鼓励外资企业在中国境内资本市场上市，一方面，外资企业所面临的风险可能会通过传导机制传递到境内市场当中，从而引发外资企业和当地本土企业的"风险一体化"问题。另一方面，如果外资企业可能拥有相关优惠政策，上市的目的仅为发起人股票流通或者圈钱套利，则很容易造成短期资本充斥资本市场，并将对中国境内多层次资本市场造成负面冲击，形成"外资利用内资"现象，甚至是在中国境内圈钱之后转移到境外，这显然是与我们"利用外资发展社会主义经济"的初衷不符的。因此，对外资公司的资金监控不能仅停留在外汇登记、资本核准等柜面业务上，必须从源头上要求外资企业上市公司对信息及时披露并向相关部门正确反馈，以保证诚信、规范和优质的外资企业上市运营，杜绝上市的外资企业进行利润操纵和虚假信息披露等违规行为。二是要避免一哄而上，拉低上市（挂牌）门槛。在外资企业上市过程中，不应该降低原来的法定的准入门槛，政府部门要帮助外资企业正确认识自身的经营状况、宏观经

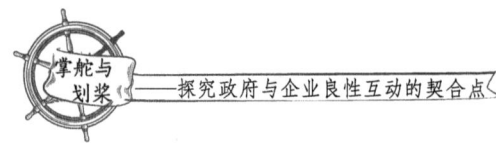
济形势、市场竞争风险等。设立准入门槛，并不会造成不公平竞争的局面，而是避免在外资企业上市过程中引起不必要的浪费，从而杜绝粗制滥造产生的隐患。鼓励重点、优质企业进行技术突破，可以将好钢用在刀刃上，效果也远比一哄而上强得多，可以先在小范围内推动该工作的进行。三是要构建外资企业风险管理机制。虽然促进外资企业上市有诸多好处，但是不可否认，这个过程面临诸多风险，建立专门针对外资企业的风险管理机制势在必行。政府可以鼓励境内相关企业与境外的金融、评级机构合作，为外资企业评级，就可以帮助中国境内的银行征集外资企业的信用信息，以便建立起外资企业大数据库。诸如此类的风险控制机制可以借鉴引用，增强上市过程中的风险控制，以减少各种不利影响。

第三章　政府与企业在互联网领域的互动

　　未来三十年，是中国互联网大有可为的重大战略机遇期。站在新的历史起点上，中国互联网必须坚持以习近平新时代中国特色社会主义思想为指导，全面贯彻落实以人民为中心的发展思想，加快实施网络强国战略，大力推进数字中国建设，努力实现中国互联网更全面、更平衡、更充分、更高质量的可持续发展，让互联网更好地造福国家和人民，为推进中国特色社会主义现代化建设做出更大贡献。

——摘自《中国互联网发展报告 2017》

第一节 企业积极应对互联网对市场、社会的赋权

为了方便写作和理解，这里做一个基本假设。企业只有存在于对它有需求的环境中才能有存在的"合理性"，我们假设这个环境可以简单地称之为"社会"，对单个企业而言，除它以外的都是社会，这个社会包含着企业的顾客、竞争对手、上游供应商等。而对于它的竞争对手和上游供应商而言，单个企业又成了社会范畴。

一、技术赋权的哲学

科学知识的传播促使企业去有效地分析和处理生产经营中面临的难题，甚至去调节各个阶段、部门、交易对手之间的利益冲突。所有企业都在寻找科学有效的方式对自身生产经营进行优化，20 世纪 20 年代泰罗提出了科学管理理论之后，伯法于 20 世纪 50 年代提出了管理科学理论，赫伯特·西蒙在 20 世纪 60 年代成为决策管理理论的集大成者，终于在七八十年代，随着互联网逐渐走上历史舞台，信息管理方法越来越多地被提及。

组织行为学理论、科学管理理论和科层管理理论基本构成了企业管理理论的基础，特别是科学管理，实际上已经渗透到了企业管理的每一个角落。而互联网这一科学技术发展的成功出现，对已经牢固的企业管理体系看似是一个冲击，但是现在可以看到，企业都在拥抱互联网，没有拒绝这一时代的浪潮。企业在运用互联网的时候，都有一个共识，即认为自己能够很好地管控自己"这一块"网络，通过对自己企业网站、App 等的技术的层代码进行控制，对流量、审核、运行进行监控，就可以达到有效的网络审查，保证了企业对网络的控制，并且通过这一技术控制，可以对交易对手实施柔性掌控。在互联网的条件下，现代企业已经不能靠限制行为、强制交易、严控贸易等方式对市场实施影响，互联网为企业带来了宣传、引导、劝阻等柔性手段的便利。

可以说，互联网对企业进行了赋权，企业在管理自己的客户，在应对合

作伙伴、开拓市场、升级技术等工作的时候，更加便捷、从容。但不是简单地只是对企业进行了赋权改造，互联网对于企业经营相关的主体以及环境都有影响。第一，互联网对企业的赋权，对周边环境和主体都有利，企业可以利用互联网提升管理水平，而提升了管理水平的企业对整个社会都有利，企业可以提供更多的产品，更好地履行社会义务。第二，互联网的发展产生了分权的效果，即便是依然存在数字鸿沟，但互联网的包容性和"几乎无门槛"等特征不仅对企业上下游和消费者有利，也为社会各阶层努力争取自己的经济社会福利创造了条件。第三，互联网为企业和交易对手之间创造了一个可以相互贴近对接的新的基础结构，形成了一种方便互动的关系，这为互联网对企业进行一定程度的限制创造了条件。

在互联网条件下，企业越来越多地与其他主体互动，企业在经济社会发展中的作用也越来越重要。一方面，企业需要与社会各主体进行互动，特别是与消费者的互动，更多地将消费者纳入经营管理当中，这样才能避免企业的短视行为，以便制定长远的发展战略。另一方面，社会整体的进步需要企业承担越来越多的责任，不仅是经济责任，还有社会责任。一个能力强、活力足的企业，必须有稳定的社会关系作为基础，社会与企业的共同进步，往往能为企业转型发展提供有效途径。互联网为这种互动提供了一个平台，让社会与企业相互赋权，社会将自己的需求给了企业以及企业为社会供应产品和服务这种简单的关系被赋予了权利的意义，社会可能需要牺牲掉一些自己的"数据"，比如部分隐私、选择权等，企业也需要舍弃自己的精力，更多地关注需求，让渡自己的管理权。但相互赋权并不意味着企业与社会之间在任何一种情况下都没有利益冲突，总有一些领域中企业与社会之间是存在利益冲突的，在这些领域中的冲突谁会是胜利者，都是两者之间博弈的结果，在博弈的过程中企业与社会相互改造。

二、信息技术对企业可能造成困扰

对于现代企业这个概念，并没有太多的观念上的差别——一个现代企业应该能够用最有效的方式追求财富和效益，同时还要满足社会的需求。企业都相信，先进的科学和技术可以打造一个强大的现代企业。作为互联网底层技术的信息技术，对于企业的现代化改造功不可没，对很多企业来说，信息技术就是转型升级的重要抓手。企业通过信息技术，可以将权利建立在互联网之上，以拥有新的存在的合理性的基础。而通过互联网，使得企业能够将企业行为的合法性（不仅仅是合乎法律法规，还有企业的生存法则）与适应社会需求的变化保持一致，换句话说，企业能够存在并且发展的环境和基础是动态的，一旦这种动态的合理性建立起来，它将对企业产生新的压力，而这种压力就是来自社会，社会的压力会驱动着企业进行改变，以寻找新的在市场中存在的合理性的来源。所以企业不能自己闭门造车了，企业逐渐鼓励社会群体加入有关企业改革的激烈辩论中，企业的经营管理再也不是几个高管的一言堂了。

但是，在鼓励社会群体加入企业改革的过程中，企业突然发现面临着主体性缺失和控制能力下降的问题。在企业创立初期，一切改革都可以建立在企业创始人的个人魅力上，而随着企业的发展，股东、消费者、竞争对手等社会力量都会有意无意地参与企业的改革进程。在企业寻找合理性基础的时候，这些类似"干扰性"的因素，容易导致企业经营管理受影响，甚至会导致企业失去自主权。为了避免遇到这种悲剧，企业在改革时必须要十分谨慎，要设法控制社会力量参与企业经营管理改革的途径。企业进行改革，必须要与社会力量互动，而在互动的过程中，社会力量必然崛起，"店大欺客"的现象也越来越少，甚至会倒过来"客大欺店"。但这个互动的路径和过程是由企业赋予社会力量获得权利的机会，并不意味着企业在改革过程中将无为而治。相反，企业需要调整经营策略、生产方式以适应不断变化的社会需求以及经济环境。

互联网推进经济发展和企业改革造成的影响是企业与社会之间相互赋权，

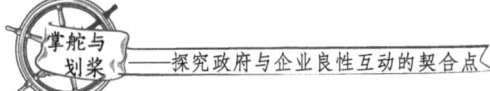

经济发展使得社会需求在层次和类别上都有新的要求，这些要求通过互联网直接对企业形成了冲击。最简单的例子就是网店的评价体系，好评、中评、差评对企业的销售影响非常大，毕竟不会有人去买一件差评多于好评的商品，甚至店铺只要存在差评就会被消费者否决。当然，也会有店家通过后期沟通协调顾客修改评价，甚至不惜动用违法的力量对顾客进行骚扰、威胁，这可以被看作是企业试图利用各种手段来限制互联网对自身的影响。企业拥抱互联网，并不意味着能够对其实施完美的控制，一旦互联网的平台建立起来了，这就是一个公共领域的平台范畴，社会需要企业倾听他们的声音，甚至是对企业产品、服务的设计提出自己的意见。从一定程度上讲，企业与社会正在对本身掌握的权利进行相互的交割，共建一个民主公平的环境。

企业率先拥抱了互联网，占了先机，虽然愿意听取社会的声音，但不希望这些声音变成令人烦躁的杂音，所以企业会主动制造数字鸿沟，因为企业掌握的数据更多，而社会由于分散和不均往往处于劣势。但随着互联网的普及，以及宽带费用的降低，这种人为制造的数字鸿沟正在逐渐消失。越来越多有着良好互联网思维的社会主体，特别是人们，已经能够随意参与任意事件的讨论，当然也包括对企业改革的讨论。对于以互联网为代表的信息技术能否促进企业与社会的互动，已经无须怀疑，但信息技术如何在不同的环境下影响企业与社会之间的相互赋权，数字鸿沟的消失是企业主动的选择还是迫不得已的选择，这还需要进一步思考。

三、互联网的赋权矛盾

信息技术在不同环境之下影响企业与社会之间的赋权，有两种不同的理解形式：一是数字赋权，二是数字歧视。

数字赋权，这一理论认为信息技术是社会进步，特别是促进社会民主和科学发展的一个前提条件，社会民主的发展需要特定的经济、社会、文化和技术条件，这些条件是通过经济增长、教育普及、工业化和城镇化发展起来的。

放到企业与社会的关系上来看，信息技术进步和传播非常重要，信息技术可以被视为企业与社会赋权互动，即上文提到的企业与社会之间的民主有效运行的保障。这种民主的威胁更多来源于信息和知识的不平等，并不是企业和社会在财富或经济地位上的不平衡。通过使企业和社会的信息更加触手可及，信息技术或许就能够为民主环境提供重要的矫正措施。由于信息技术扩大了企业与社会之间的信息和通信的流动，使得企业更加透明，企业越透明，企业负责人对社会所享有的信息优越感就越小。在经验层面，现代信息技术条件下，互联网能够促进和支撑社会成员之间的互动，微信公众号、微博、论坛等为社会提供了一个丰富而密集的信息环境，减少了人们获取企业信息的代价，并且增强了社会利用这些信息的能力，也就造就了对企业经营管理改革事务更具参与能力且更加熟悉套路的社会群体。相对于社会只能通过购买来行使自己的权利，互联网使得企业对它们的顾客更加负责了，并且能够通过互联网有效、直接地回应社会的意见和需求，克服了单向沟通的缺陷。

数字歧视，这一理论认为信息技术的进步并不意味着企业与社会缺乏沟通的境况得到改善。新兴的信息技术，特别是互联网技术并不能改变企业与社会之间的在权利和财富方面的不平等，这是社会参与企业经营管理改革的主要障碍。这一理论主张，互联网通过过滤、筛选等技术操作，强化了信息富有群体和信息缺乏群体、活跃参与者和冷漠旁观者之间的鸿沟，这就意味着互联网以极不对称的方式使得技术占优的群体获利，这个群体可能是企业，也可能是社会。哪一方能够获利，主要看双方直接的博弈。

在这种"互联网博弈"的环境中，互联网是否能够促进社会参与企业的经营管理，更多地取决于谁在用它、怎么用它，而不取决于它的技术本质。企业作为高度组织化的利益集团，能够在与相对分散的社会力量的互动博弈领域重申企业的控制权，并通过设计互联网来建立主导权。这里所说的设计，应该是企业按照非商业目的而保留足够的能力来进行的对网络是互动的或封闭的、温和的或严厉的、安全的或危险的、审核的或开放的等的检查。企业通过这种

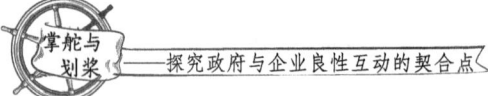

设计,巧妙地运用技术手段将数字鸿沟横亘在信息富裕和信息匮乏的群体之间,企业不仅是将自己与社会做一个技术分割,有时也会将社会做一个分割,给认为对自己有利的一方更多"入口"和数据,与它们一起抵抗另一部分力量的"入侵"。

数字鸿沟的出现,使得企业与社会的沟通变得排外而不是包容。在理想状态下,这种民主的参与应该是包容和相互的,每一个受到企业影响的社会个体都应该有机会接近和利用必要的渠道去影响企业,表达他们的偏好。但信息技术的发展,使得接近企业的人能够放大他们对企业的影响,而能够接近企业的人在很大概率上就是企业认为对自己更有利的人。对于那些已经被企业认为需要抵抗的力量,则被互联网进一步边缘化了。企业因为组织形式更加成熟,对互联网的掌控比社会更加得心应手。社会的力量在一般情况下,总是弱于企业的力量,除非能够有效地组织起来。社会力量的组织,主要是通过参与来实现,但互联网密集使用的信息技术,使得传统的面对面的参与方式减少了,减少了社会资本。一方面,社会个体更愿意坐在电脑前沟通,而不是出门当面交流,他们沟通交流的平台——互联网确是掌握在企业手中的。另一方面,社会个体的思想或孤立的行动,因为发生在互联网上,可能并不能踏入公共门槛,不仅没有受到监督,还可能被权限管制。互联网上信息量的爆发,不仅导致社会个体来不及思考,就连企业愿意接收的信息也会很快被新的信息覆盖,企业有时候根本来不及做出反应。

互联网对企业和社会的赋权,有乐观的,也有悲观的,信息技术为两者提供了一个舞台,在这个舞台上,企业与社会竞逐着权力。

四、进击的社会力量

由于企业不可能对互联网进行全面控制,这就为社会介入企业提供了可能性;同时,社会的参与在一定程度上帮助和推动了企业经营管理的改革。前面已经说过,社会要想能够与企业站在同一个层面、同一个平台上相对平等地对话，就必须克服社会力量零散的缺陷，而互联网为社会力量的集体行动创造了条件。现代信息技术的自发性和多元化导致了互联网公共领域或者称为电子公共领域的出现，以及随之而来的独立的、多元的和活跃的社会环境。既然社会能够对企业施加影响，那么就得弄明白两个问题，一个是互联网如何使社会参与到企业的经营管理中，另一个是考虑到社会必须集体行动才能拥有力量，那么社会是怎么样通过互联网克服集体行为的困难？

　　信息与社会的参与之间的关系是工具性的。获取成本的变化和信息来源的多样性直接影响社会参与的广度和深度。随着互联网的普及，信息变得较为廉价，而且可以从许多社会个体自己控制的来源获得，更多的社会个体将参与到社会行为中来。信息是行动成功的基础，不确定性提供了社会获取信息的驱动力。社会与企业之间在信息上的不对称，并没有造成社会放弃对企业信息的获取，反而因为人类"获取信息和使用信息来减少不确定性"的基本特征，会更加积极地获取企业信息，这样就越来越有能力参与对企业的影响。例如，现在企业的下游销售和采购商不仅仅关注企业的产品质量，常常还需要了解企业生产的规章制度是否完备、员工的福利待遇和社会保障是否齐全、工厂设备是否现代化等，这些信息的获取越来越容易，甚至都不需要实地考察，点开网页就可以获得。这些信息的获得使得销售和采购商对企业更加了解，并且将这些信息与自己的标准进行对比，反馈给企业，通过合同拟定和标准协商，可以有效地向企业施加影响。

　　互联网比其他媒体更能够为社会提供更多、更杂的信息，并且允许社会个体控制他们所获取的信息以及获取信息的地点和时间，互联网提供了更高程度的目的性和选择性，通过减少信息成本、增加信息渠道以及为目的控制和筛选提供更多的可能性，引起了信息充裕程度的提高，也就是我们通常所说的信息大爆炸创造了社会在信息技术条件下最为重要的变化。

　　信息的获取是通过个体来完成的，但是要形成足够的力量，则必须要集体行动，那么互联网是否能够将信息获取的行为转变为参与集体行动的行为

呢？首先就要克服集体行动的困难。一些材料上常常把关注点放在"社会资本"或"相互信任"方面，他们将社会资本定义为"社会组织的特征，如信任、规范等，通过齐心协力的行动，能够提高整体社会的效率"。社会个体之间因为共识而形成的自发性行动，实际是解决集体行动困难的一个方案。

例如，大多数消费者觉得酸奶应该减少糖分的添加，并且能够忍受少糖带来的口味的下降，那么消费者就可能会更多地选购少糖的酸奶，并且会通过各种途径让企业了解自己的选择。企业在销量的刺激下，肯定会"听从"消费者的意见，改变酸奶的生产工艺，特别是当它发现别的企业已经开始着手的时候。我们通常认为，面对面交往的共同体和人际交往中建立起来的认可和理解是最有效的，但是在缺少面对面接近的物理和地理条件下，信息技术特别是互联网使得单个社会个体得以接触到其他社会个体的情况和他们所处的环境中，因为互联网能够产生一种可行的替代力量。所以，尽管数字鸿沟是存在的，但由于互联网具有分权的特征，分权对社会力量集中采取集体行动具有重要影响。由于现代信息技术的进步，信息变得平民化，互联网就是信息平民化的巅峰之作。互联网造成的分权状态随之而来，在这种状态下，企业和社会都不可能说自己拥有互联网，因为互联网是完全分散的，企业和社会都不能关闭它，并且互联网能够延伸到任何一个角落里去。互联网的分权特征，也使保持企业经营管理神秘感的时代一去不复返了，企业自身的运行状况不能再被粉饰和美化了。作为公共领域的互联网，企业对互联网的控制已经遇到了越来越大的阻碍和困难，互联网甚至逐渐成为社会评判企业经营管理和战略规划的一个重要途径。

五、企业－社会关系的变革

有时企业的主要负责人是应对互联网集体行动成败的关键因素。如果企业的主要负责人认为，一个特定的社会集体行动有利于企业正确地转型发展，就很有可能对社会的集体活动采取合作甚至支持的态度。如果企业的主要负责人认为，一个特定的社会集体行动将会威胁到自己对企业的控制，或者威胁到企业的生产管理，就有可能在互联网层面收紧控制，甚至会压制互联网平台上的社会集体行动。究竟企业主要负责人是将一个特定的社会集体行动看成是"正确"的还是"错误"的？这更多取决于其自身的立场观念和判断。

在互联网条件下，企业的经营管理改革和转型升级对不同主体有不同的意义，企业与社会的相互赋权的背景下，企业已经不能"独善其身"了，必须要发挥对社会的"民主"，在经营管理当中将社会接纳进来。但是企业应该清醒地认识到，在企业的经营管理改革中，虽然社会得到了赋权，通过这种赋权可以改善企业自主经营的状况，但企业对经营管理的控制权力绝对不能够被削弱。虽然企业的经营管理必须变革，必须向大众开放，但不是一蹴而就的，必须是一个可控的制度建设过程。由于企业的改革意在增强企业的盈利能力，企业主要负责人会做出所有努力来领导和指挥企业的长久发展。但是企业－社会关系变革通常导致了意料之外的后果。我们见证了太多社会不断提出要求，企业被迫进行一场激烈的变革，企业主要负责人和领导层对企业的管理受到越来越多的挑战。多半情况下，当现行的企业制度和生存环境不能容纳社会越来越多的"反馈"时，企业就会采取一些强制手段来应对社会力量。但是强制手段在合作的关系中必然不能被经常使用，而且也并不意味着企业不愿意调整生产经营管理的制度和方式。相反，企业采取一些强制手段倒是意味着企业要自己控制和领导自己的转型升级和改革进程。

真正推动企业变革的是企业与社会在互联网平台上的互动，并不是互联网本身。综观企业的变革，一般有三种方式：第一，企业变革的根本力量来自外来的以及社会的力量，在这种方式中，企业的管理层和主要负责人对企业的控制权可能会被消灭，新的管理团队会被建立，这当然是企业不愿意看到的。第二，企业的变革是自下而上的，来自企业一线，也就是与社会层面接触最多的层级由于更加清楚社会的"反馈"，由下而上地推动企业进行变革，互联网不仅给了企业一线最多的基础数据，也给了他们向上"反馈"的渠道。第三，企业管理团队或企业主要负责人主动发起企业变革，从上而下根据社会的反馈，

以整体推动来应对社会的"反馈"，有条不紊地进行，将主动权牢牢掌握在手中。

对于企业，特别是对于企业的主要负责人而言，更为现实的企业改革方案应该是从渐进的经营管理民主化中进行改革。在经营管理民主化过程中，企业与社会力量相互互动，它们的关系在相互赋权的基础上变得就有相互改造性。企业与社会在互联网的多个场所打交道，在这些场所中，企业与社会必须将各自的命运捆绑在一起。虽然我们一直在讨论企业如何应对社会力量，但并不是说社会就是可以"自力更生"的，离开了企业，社会也不能"存活"下去。在企业与社会的一次次博弈当中，企业似乎赢得了战斗，但并不意味着社会就是彻头彻尾的输家。因为尽管企业赢了，但它不得不改变其经营管理方式，以应对未来更多的社会挑战。那么，企业就必须主动与社会进行互动，互动会产生各种结果，一些有利于社会，一些有利于企业，结果在很大程度上取决于企业、社会所处的经济环境结构。最有可能的方案有两种，一种是企业对社会力量进行吸收，这意味着企业必须调整经营管理改革的进程，以便容纳社会力量；另一种是企业能够将自身经营管理变革的方式通过某种方式加持到社会力量上，如果成功了，社会就会成为企业的代理人。

企业与社会在经营管理民主化基础上进行互动，互联网有效地推动了企业的变革，如果社会与企业的利益是一致的，那么就会出现好的结果。当这种情况存在时，企业中力主改革的负责人会与社会力量之间就有希望形成一个隐形的联盟。互联网就能成为一个论坛，企业和社会就能够在其中互动；互联网可以成为企业的工具，调动支持企业的社会力量。互联网优化背景下，企业容纳社会力量的参与度非常重要，不仅因为参与会对企业造成压力，更重要的是参与能够为特定的经营管理改革提供社会支持。在企业改革的过程中，改革的创意必须依靠企业主要负责人的强大意志力，还必须拥有修订和实施改革方案的能力。网络上关于企业的辩论不仅给企业主要负责人和管理团队有一个机会采取改革创意，而且还给予一种强烈的社会支持感来支撑这些改革创意。换句话说，企业与社会在网络上的公共讨论赋予了企业中的改革派负责人一种权限以带动改革并实施这些改革。

虽然互联网中社会集体行动有着一定的局限性，承认这一点很重要，虽然社会集体行动能够推动企业经营管理更加民主化，但并没有真正影响到企业的经营管理主体框架，所以企业还是很有主动权。现阶段改革开放政策、中国特色社会主义市场经济、经济全球化、电商等都是社会和企业互动中孕育出的力量，加上互联网的力量，最终成为企业经营管理变革的重要动力，信息技术对企业改革的影响正在逐步展开。

六、政府规范了互联网的赋权

企业与社会在互联网平台上的相互赋权，其实都是在政府打造了信息技术基础的前提下完成的，政府通过互联网的底层技术的控制和制度的监管，实际上对赋权行为进行了"统管"，而政府在为企业和社会提供互联网平台的同时，自己也加入了赋权的行动当中。政府规范互联网，而规范的方式除了底层技术的控制还包括为互联网运行塑造一个合法的环境，也可以理解为政府为互联网写了一串"代码"，这些代码可能包括以下几个要素：一是通行的法律法规；二是社会运作规范；三是市场环境和参与者限制；四是政府、社会、企业在互联网中互动的结构。政府在编写这些"代码"的时候，规范了互联网，比如允许一些行为、禁止一些行为等，这些代码都是政府规范的。在互联网条件下，让企业与社会参与到自身的公共管理当中，政府将外在控制转变为内在控制，这主要得益于政府、社会、企业三者的相互渗透程度已经前所未有地得到提高。现代政府不再一味地实施命令和惩罚，而是更多地采用说教、告知、劝告等方式。在社会与企业认为自己相互融洽发展的时候，政府其实已经"一切尽在掌握之中"，但这并没有什么不好的，政府的职责就是提供服务和实施监管，在任何一种情况下，企业都应该是在行政监管之下合法运行。

企业应该清楚，在一个完全没有约束的环境中发展，是一件多么恐怖的事情。首当其冲的就是企业经营管理的安全得不到保障，且不说法律的制定与执行，一旦失去宏观调控，企业的趋利性将轻松战胜社会的理性，甚至形成垄断。企业的单向垄断是社会与政府都不愿意看到的，企业可以凭借垄断压制社会需求，只提供自己认为对的商品以及服务，因为垄断企业之间没有竞争，与社会之间也不存在有实质性意义的联系，企业与社会的赋权也就不存在了。当然，企业可以从垄断中获利，获得巨额的收益是非常简单的，但是企业也就失去进步的外部力量。企业作为一个提供商品和服务的主体，并不能够把自己关起来，它的生存依赖于社会对它的支持。

第二节　政府与企业要全方位运用大数据

互联网带来的变化，一方面是因为有先进的电子信息技术作为支撑，另一方面也得益于大数据给予的技术处数据。可以说互联网通过大数据升级了自己的能力，大数据通过互联网丰富了自己的内容。

一、什么是大数据

根据研究机构 Gartner 给出的定义，"大数据"是需要新处理模式才能具有更强的决策力、洞察发现力和流程优化能力来适应海量、高增长率和多样化的信息资产。麦肯锡认为，"大数据"是一种规模大到在获取、存储、管理、分析方面大大超出了传统数据库软件工具能力范围的数据集合，具有海量的数据规模、快速的数据流转、多样的数据类型和价值密度低四大特征。

电商平台通过记录用户浏览的网页信息、输入习惯、网页停留时间等数据，整理出了用户的喜好，并在熟知用户的购买习惯和现实需求后轻易而准确地对用户进行产品推荐。就好像用户被网络监视，一切行为和所思所想都被网络洞悉，这其实就是大数据的运用。大数据不仅仅改变了个人消费，也在经济、社会、政治层面促成了一些改变。

大数据带来了改变的同时，也带来了一些挑战。政府不能再依赖随机抽样，而要分析更多的数据。有时不仅仅是直接需要的数据，甚至需要处理和目标现象相关的所有数据。在之前，政府服务企业的时候，非常依赖于抽样分析，每个地区平均抽取企业进行调研，以便得出这个地区企业发展的平均水平和大致需求，整理汇总后提出具体服务政策与措施。这在信息缺乏时代和信息流通受限的情况下，是服务企业的基础性数据，对提高政务服务水平有显著帮助。但是随着数字技术和网络化水平的提高，抽样调查可以被视为有人为的限制，而使用所有的数据都能够避免之前无法看到的细节信息,能够提高数据的准确性，能够为服务改进提供更适当的方向。技术分析为制定政策、准备说辞提供了有力的支持，直到现在，我们的数字技术依然是建立在精准的基础之上，我们会用办公软件制作表格，进行排列、筛选、对比等。但这都是因为掌握的数据比较少，使得精确的量化得以实现。但是在大数据时代，追求精准度已经是不可能的了，那么大的数据量，对它们逐一分析应该是不现实的。政府应该适当忽略每个数据的精确度分析，不是要纠结于这个企业的季度主营业务收入和那个企业的当月税收，而是要从宏观角度看到这些数据显示出的变化、方向，站得高一点，看得远一点。政府不能再热衷于因果关系，而是要探究关联关系。政府习惯于发现问题、分析问题和解决问题这种习惯性的思维方式，但是大数据可能只能帮你解决"是什么"的问题。的确，因果关系非常重要，而且这构成了人类的很多哲学思想的基础——"我从哪里来，我在哪里，我要去哪里"。虽然寻找因果关系很困难，而且在数据缺乏的背景下要解决实际问题，因果关系又是特别重要，但是通过大数据，政府不必这么麻烦，应该把更多注意力转到关联关系上来。也许关联关系不能告诉政府企业为什么会减少用工，但是会告诉政府有些企业可能要搬走了，这种提醒非常重要。

二、政府运用大数据的原因

政府对于企业的管理、对社会的管理应该是掌舵，而掌舵的目的是为了保证方向的正确性。大数据的核心就是预测，它把数学计算的方法运用到海量

的数据上来预测事情发生的可能性。之所以预测成功的概率会很高，是因为这都是建立在海量数据的基础之上的，接收到的数据越多，大数据就能更加准确地预测，能够在各种方案中找到最优的一个，在各种方向中找到最正确的一个。政府运用大数据的科学价值和社会价值就在于大数据的预测能力：一方面，政府掌握了社会、企业等主体的数据，可以成为提高行政效率和或者公益性收入的经济价值来源；另一方面，大数据已经撼动了原来的利益格局，政府必须加以引导并做好顶层设计。

大数据是服务企业的基础。大数据之所以能够发挥作用，其核心动力在于人类的测量、记录、整理数据和分析世界的渴望。对于政府来说，服务企业的核心动力在于让企业创造更多的税收、安置更多的劳动力、提高全社会的生产力等。服务企业需要一个基础，有些地方认为出台招商引资、对企业优惠的文件，就是服务企业的基础，但是这些文件出台的前一步是什么？是调研，是收集数据、整理数据、分析数据、升华数据的过程，以大数据为基础，就能搞清楚企业需要什么、企业准备做什么，政府才能在方向上做好把控。测量、记录、整理是大数据形成的基础，企业的生产经营状况可以用主营业务收入、工业总产值、销售收入、利润总额、资产、负债、平均用工人数、税费缴纳等来显示。通过进一步整理和分析，净资产收益率、资本保值增值率、主营业务利润率等可以用来表现企业的财务状况；总资产周转率、流动资产周转率、存货周转率可以用来表现企业的资产营运状况。就连已经是文字或者图片的材料，通过扫描等数字技术手段处理都可以成为能够运用的数据，只要机器可以阅读，就可以帮助政府工作人员进行处理和分析。企业是经济主体中最活跃的主体，生产经营中微小的变化都可能是之后巨大变化的预告，掌握企业的动向往往是政府在服务企业时的一个要点。逐利的企业难免会陷入经济循环甚至是经济危机的圈子里，政府能做的是指导企业成功避开经济危机，并且在企业需要解决困难的时候搭建一个平台。预知企业的动向，了解企业的困难，均需依靠大数据。就像购物网站会向你推荐商品一样，政府也可以通过大数据向企业推送各种公共服务。

　　大数据已经潜移默化地改变了人们的思维。大数据的核心价值在于数据本身，所以成为数据的拥有者才是最明智的。一些精明的企业正在把自己放在数据信息链的核心，这样它们就能够在扩大规模的同时挖掘数据的价值。众所周知的一些电商企业和互联网金融企业，它们只是作为信息的中介，就完成了上下游金融、产业链条的衔接。政府为企业提供服务理应也拥有这样的大数据思维，所谓大数据思维，应该是一种意识，认为通过对公开的企业数据进行得当的分析处理就能为解决企业遇到的困难提供答案、为企业今后的发展提供指导方向、为企业规避风险提供应急响应。政府并不参与企业经营管理，怎么样保证服务的准确性、有效性和预见性就成为大数据的介入点。在一个适当的大数据介入政府对企业服务的体系中，应该是与企业分享数据，这样大家才能知道企业是什么、在做什么、需要什么；政府应该拥有数据，对数据进行审核和筛选、建立层次，掌握最全面的大数据；服务机构按需收集数据，这些数据由政府分层次提供。可见，政府成了一个全新的"数据中间商"，政府可以从各个地方收集数据进行整合，再提取有用的信息进行利用，分享给服务机构、反馈给目标企业，这些都是自愿的，也是合理的，因为从理论上讲政府不是逐利，对这些数据并没有利益上的需求，而且也有深入挖掘价值的技术能力。我们经常强调政府需要能人，需要专业人才，但是这些行业专家和技术专业在遇到统计学家和数据分析家的时候，光芒就会黯淡了。完全靠大数据得出的结论是完全不受个人主观观念影响的，只能够听取数据的声音，没有偏见和成见。可以说，大数据在一定程度上决定了政府服务企业的能力，拥有的数据越多，能够得出的结论就越接近正确，而且数据不仅可以拥有还可以授权，一切政府做不好或者不能做的事情，都可以通过大数据的授权交由专业机构操作。当然我们将大数据运用在企业服务当中，并不是说只需要企业的数据，同样，政府和服务机构的数据一样重要，不然就会形成信息的孤岛和信息不对称。

　　大数据的各种价值有待深层次地挖掘。大数据就像一座宝矿，一层层挖掘后总是可以发现另外的价值。我们身处的大数据时代与之前大不相同，因为数据的收集已经不存在固有局限性，技术已经可以被廉价地捕捉和记录，人们也不需要花太多精力甚至不需要认识这些数据，这些数据不同于物质性的东西，价值并不会随着它们的使用而减少，而是可以不断地被处理，挖掘新的价值。第一，数据可以被反复利用，由于数据众多，一次操作不可能用掉全部的数据，那么下一次服务又可以用掉剩下的部分数据，而且数据在纵向上的对比利用也是必不可少的。第二，数据可以不断重组，数据总和的价值一定大于一部分的价值，而不同的数据组合混搭可以展现不一样的分析结果。第三，数据可以被扩展，数据的多种用途可以被开发出来。第四，数据可以不断学习，一些在线交互的副产品包括企业申报数据的停留时间、服务机构登录平台的次数、各主体输入的信息等，这些都是信号，整理后都可以被反馈给政府。第五，数据可以开放共享，政府最有利的方面就是能够强迫各主体提供各种数据信息，而不必加以说明或支付报酬，而政府代表的是全体公民的利益，这些数据在不危害国家安全和公民隐私的前提下应该被共享。数据要发挥作用，就在于价值被看似无限地利用，政府收集数据很重要，但远远不够，因为大部分数据的价值在于被应用，而不是简单占有，所以发挥目标企业和服务机构的积极性非常重要。

三、政府如何运用好大数据

大数据已经开启了一次重大的时代转型，对服务企业来说，一些新的领域等待着去开拓，一些新的思维等待着去落实，一些新的关系等待着去发现。在服务企业中用好大数据，主要是从三个方面入手，即更多、更杂、更好。

（一）更多，即依靠全部数据

之前在服务企业的时候，政府都是采取随机抽样的方式去了解企业的需求，这种随机抽样的方式取得了巨大的成功，一方面是因为企业和服务机构不多，另一方面是因为当时技术手段限制了数据的收集和整理，特别是在不能收集和分析全部数据的情况下选择。这就是随机抽样的固有缺陷，它的成功依赖于抽样的绝对随机性，但是在真正开展工作的时候却很难做到。所以，现在要放弃抽样样本分析这条捷径，选择收集全面而完整的数据。现在有足够的数据处理和存储能力，有足够先进的分析技术，收集数据也变得非常廉价。各类经济社会主体的数据信息都通过不同的终端予以上报，企业和社会组织的年检、统计法的督促落实、铺天盖地的新闻广告等，都是信息大爆炸的表现。在收集数据的时候，尽可能越多越好。将政府、企业、服务机构三个主体分开进行说明，在服务企业中应该收集的数据至少包括以下几项。

（1）政府。户籍办理、社会保障（社会保险、社会救助）、公共安全、教育科研、科技创新、就业创业、设立变更、准营准办、抵押质押、职业资格、行政缴费、优待抚恤、规划建设、住房保障、证件办理、交通出行、旅游观光、出境入境、消费维权、知识产权、环保绿化、文化体育、公用事业、医疗卫生、离职退休、设立变更、准营准办、资质认证、年检年审、税收财务、人力资源、社会保障、投资审批、融资信贷、商务贸易、招标拍卖、海关口岸、涉外服务、农林牧渔、国土和规划建设、交通运输、环保绿化、应对气候变化、水务气象、文体教育、质量技术、检验检疫、安全生产、司法公证、档案文物等。

（2）企业。企业通信地址、邮政编码、联系电话、电子邮箱等信息；企业评级；企业开业、歇业、清算等存续状态信息；企业投资设立企业、购买股权信息；企业为有限责任公司或者股份有限公司的，其股东或者发起人认缴和实缴的出资额、出资时间、出资方式等信息；有限责任公司股东股权转让等股权变更信息；企业网站以及从事网络经营的网店名称、网址等信息；企业从业人数、资产总额、负债总额、对外提供保证担保、所有者权益合计、营业总收入、主营业务收入、利润总额、净利润、纳税总额信息等。

（3）服务机构。除包括企业的所有数据外，还应该有历年成果、服务资质等。

（二）更杂，即接受错误和混杂

这么多的数据肯定会出现这样那样的错误，传统的样本分析师一定很难容忍这样的事情发生，毕竟样本已经是少量的了，少量中还出现错误对归纳工作来说是很大的打击。但是在大数据时代，我们收集了成百上千万个数据，其中一二十个出现了错误，对大局并没有什么影响，所以我们需要重新审视处理数据时精确性的优劣。我们掌握的政府、企业、服务机构的数据越来越全面，不再是只包括手头仅有的一点点可怜的数据，我们不必担心某个数据点对整套分析的不利影响，我们不应该以高昂的代价去消除大数据带来的不确定性。而且我们也不可能再期待精确性，因为错误并不是大数据固有的，只是企业在测量、记录、申报时所使用工具的某些缺陷，待测量或申报工具变得完美了，这种错误就不会出现了。政府在公布政策法规时当然不会犯错，因为有统一而且严谨的程序，在公示一些数据上，由于统计口径、时间等问题，会出现一些偏差，但总的方法是对的，大的方向是一定的，这就够了，小小的一个数据出现了错误，肯定会被整体所掩埋，当然这种错误并不是说粗心或者计算错误得出的错误答案。可以看到，政府、企业和服务机构的数据已经相当庞大了，很多都是杂乱无章的，有的是不能用数字代表的，特别是政府的文件或规定之类。这些不能用数字表达的，有的却可以用数据表示，通过最新的信息技术，将文本数据化，方便检索。这在一定程度上造成了数据的模糊性和不确定性，但我们必须接受这一点，如果我们想要避免这些，就会将精力放在能够提供方便的小数据上面，这在大数据时代是一种浪费。

（三）更好，即关注相关关系

服务企业过程中有许多问题需要解答，企业招工、新增投资选址、改变生产方式、合理避税、财产转移、成本降低、对未来展望、上市融资、科研投入、专题投资等，企业希望服务机构给出一整套的解决方案，而政府也希望能够尽快解决这些问题并拿出方案。需要分析原因吗？按照之前的思维方式，政府应该对企业进行调研，从困难中辛苦地找到原因，之后对原因进行各种分析，再提出应对之策。有了大数据，我们可以更加关注问题与方案之间的相关关系，从而跳过找原因这个步骤，直接提出应对之策。可能有时不能直接帮助企业解决问题，但是能提供一个方向，有时甚至能够预测到企业会遇到什么问题。我们收集到了那么多的数据，并进行了计算、分析和整理，又多出了很多数据，对这些数据进行对比，可能会比从教科书上所教的"为什么"更能发现问题并预测结果。例如，教科书上可能会告诉我们金融机构给企业发放贷款要非常注意企业的还贷风险，而还贷风险是根据企业的资产、负债相关数据能够计算出来的，但是企业的未来发展前景和公司主要负责人并没有在这些分析当中出现，也许风险分析还会跟当地环境有关系，地质灾害的突发也会让企业还贷风险陡增，但这并不在普遍的分析当中。大数据改变了政府服务企业的方法，不仅要用理论，还要用数据说话，特别是一些在理论中不存在数据、一些偏执的传统思维总是逼迫我们去思考这件事情到底是为什么，而不是是什么。但现在我们不仅要知道是什么，还要弄清楚怎么样，有什么关系。可能这些关系看起来难以想象，却发挥了作用，我们就要进行关注。早一步关注、早一步行动，总比刨根问底找原因要好得多。

四、在大数据时代政府保持清醒

整个世界迈进大数据时代的时候，对企业的服务也经历着这样的变化，在改变政府、企业、服务机构三者的思考和操作方式的同时，大数据也推动着整个信息管理准则的重新定位。不得不说，大数据也带来了风险，一个是在隐私方面，另一个是在人类独立思考方面。隐私方面的风险无须多言，各种数据的收集以及传输，不可能完全保证在封闭的循环中流转。而人类独立思考方面则更加严重，人们总是习惯于从因果关系的角度思考和理解世界，在服务企业的过程中，就算是从相关关系中得到了一些结论，也更加倾向于将可能并不相关的两个因素列为因果关系，以便在今后的工作中更加便利。用大数据作为做

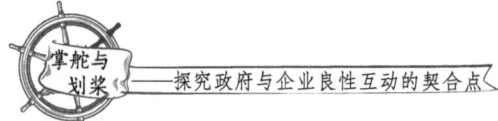

决定的辅助是好的，但万万不能成为主导，不然就会出现"数据独裁"。而且在服务企业的过程中，由于上级更加关注数据，会使一些人在工作中故意捏造出上级喜欢的数据，主要表现在以下三个方面。

第一，大数据必须被监控起来。服务企业的过程中应该建立一个特殊的隐私保护模式，这种模式应该着重于数据使用者为其行为负责，而不是放在数据收集之初主体的同意上。对大数据进行分级处理，也可以对数据进行模糊处理。谁查阅了数据、利用的数据都必须被记录下来，而这正好是大数据的基础之一——数据的收集。第二，大数据只能用来参考。虽然我们称之为大数据，但是我们收集到的仅仅是世界上所有数据的一小部分，永远也得不到完美的答案。所以大数据只是用于参考，只是参考答案而不是最终答案，只能够给我们暂时的帮助，直到有更好的答案出现。第三，因果关系应该被重视。大数据是在相关关系基础上做出的预测，但因果关系推动了人类和世界的进步，服务企业的过程中也一样，在知道了是什么之后，总是需要考虑一下为什么，这是人类的习惯，也是进步的基础。

第三节　政府的大数据运用实例
——关于构建云服务平台的建议方案

对于现代信息化社会而言，要构建一个能够覆盖企业全生命周期和全产业链的综合服务体系，必须要建立跨越各个层次、紧密结合、集约管理的开放式数据环境，应用先进的"大数据、云服务"技术来提高政府运作的效率、提高服务企业的能力水平，即构建"云服务平台"。只有这样，政府才能适应高速变化、高速发展的数据时代经济，同时也适应从工业社会到信息社会的根本转变。完整的"云服务平台"概念，包含了各级部门之间、跨地域部门之间、企业之间、企业与服务机构之间以及政府业务部门与企业之间的信息化建设。云服务平台一方面是指政府部门通过互联网提供在线信息和服务，即在网络上实现虚拟政府；另一方面是指政府及企业、企业与服务机构之间业务工作、办公管理以及决策支持的规范化、信息化、网络化建设。

一、构建背景

（一）网络化

一是信息化建设成果丰硕，目前大多数地方政府已经建立了自己的大数据系统，将几乎所有企业的信息进行了录入，云服务的框架已经搭建好。二是目前技术手段成熟，只要客户提出需求，软件和硬件提供商都能够完成信息平台的建设，并且提供全生命周期的维护工作。三是个体网络思维成熟，无论是政府还是企业，都已经适应信息时代的发展，企业更是经常利用 B2B 或 B2C 渠道开展业务。

（二）行政效率

一是政府部分权力没有全部下放，有些部门成了企业与服务机构之间的"断桥"而不是"浮桥"，导致供需双方之间不能面对面迅速开展业务。二是一些中介组织可有可无，随着"依法治国"观念的深入人心，"点对点"和"一站式"服务将成为主流。三是政府只需要抓住大方向，把握政治正确和法律合规，将谋求经济利益的事情还给市场主体，将市场还给企业，做好"掌舵人"而不是"摆渡人"。

（三）业务需求

一方面，随着经济社会的发展，特别是中国经济未来将更加开放，企业对"服务"的需求将随着时代的发展越来越多样化，而这些需求只能由市场主体来满足。另一方面，服务机构类别众多，囊括了企业的全产业链和整个生命周期，可以提供丰富多彩且满足企业的一整套解决方案。但是政府对逐渐多元的企业需求和日益丰富的服务项目不能做到完全掌握，对这些工作不能完全精通，这就必须建立平台让企业和服务机构自行对接。

二、构建原则

（1）安全性。一要对登录端口数量和位置进行限制，保证登录者是经过审核的对象。二要按照在线客户的类别完成权限分层，进行分权管理，避免一个最高权限负责所有业务。三要完善多节点储存、分布式计算，建立应急机制和退出策略。

（2）便捷性。保证认证客户的自由登录和浏览，作为政务平台应避免广告和人设延时；鼓励企业和服务机构及时更新各自信息，增加信息透明度，以便线上对接和办理业务。

（3）统一性。"云服务平台"上所有的信息发布和业务办理都必须按照且符合国家的法律法规、完善法律预审和自动告警制度。同时，所有平台上的输入文本必须按照统一的标准，务必能够通过信息化平台完成识别和汇总整理。

三、构建意义

（一）工作规范化

一方面，通过构建并运行"云服务平台"，能够统一业务规范，形成业务规则、业务流程、信息模型、管理模式的标准，统一对外信息公布口径，有效地避免了不同处室和部门提供的数据口径不同、意义各异的局面。另一方面，企业自主地在平台上完成登记、邀约和业务洽谈，这些都必须按照平台提供的格式填报并发布信息，促进企业自觉自愿填报和更新数据，并借助网络公开的手段规范企业的经营管理行为。

（二）尽量弱化提高经济主体的积极性

政府作为平台的提供方，只参与平台搭建、服务和监控工作，不参与平台运行。"云服务平台"以其特殊的计算能力，能够预测出企业的业务需求，并且根据数据协议对合作对象予以推荐，促成各机构在网上达成合作共识，在满足企业需求的同时，调动其参与"云服务平台"的积极性。

（三）掌握大量信息

由于"云服务平台"是各企业和服务机构在网上交流沟通的平台，所以企业必须定期更新信息来避免信息不对称造成的误解，只有信息详细才能促成更多的合作意愿。平台具有浏览信息和交易信息记录的功能，通过筛选可以判断出商品和服务的需求量，为政府采取有针对性的扶持措施和风险警告提供了基础。

（四）转变工作思维

作为"云服务"基础，"大数据"的一个重要意义在于通过分散的数据带来趋势的预测，根据平台提供的预测，政府可以不用等企业上门提需求，就能提前帮助大多数企业研究好解决方案，将问题解决在萌芽阶段。而平台的正常运行，加快了政府服务企业工作去中心化的步骤，在经济活动中逐渐隐去政府的身影，鼓励了市场主体自由对接合作。

四、建设目标

形成覆盖地方企业、各级政府、各相关职能部门的技术和服务体系，实现对企业服务的标准化、精准化、便捷化、平台化、协同化，服务流程显著优化，服务形式更加多元，服务渠道更为畅通，企业满意度显著提升。建设成为企业形象和产品的展示平台，政府、行业协会沟通交流的互动平台，社会各界了解企业的宣传平台，政府各职能部门交流工作的联通平台，企业与服务机构合作的服务平台，增强企业之间合作的融合平台，电子商务、青年创业、金融上市等工作服务的创新平台。

（一）企业形象和产品的展示平台

企业文字与图片简介、生产经营数据、社会责任贡献、用工需求、产品

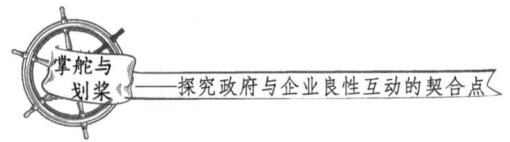

信息等——呈现在平台上，对企业主要产品可以鼓励采取线上展示、线下交易的方式。

（二）企业、行业沟通交流的互动平台

各级政府部门、行业协会将近期的最新政策和活动集中投放到平台上，方便双方了解和交流，对一些具有共性的典型事项可以以"贴吧"的方式鼓励各方展开讨论。

（三）社会各界了解企业的宣传平台

对一般性浏览不设权限，社会各界通过浏览平台上的企业展示、政府和行业协会新闻、产品展示、最新热点话题讨论，更加深入地了解当地服务企业工作的开展状况，加深对企业的认识。

（四）丰富各职能部门交流工作的联通平台

政府各职能部门之间在数据查找、政策咨询、矛盾协调、信息传递、检验查处等方面建立沟通渠道，企业数据互通有无并且达到一处修改整体更新，方便合作办公。

（五）企业与服务机构的合作平台

企业和服务机构分别将自己的需求和供给公布在平台上，可以通过平台系统的推荐，也可以根据平台显示的信息邀约合作对象，在平台上完成合作配对，迅速满足企业需求。

（六）企业之间合作的融合平台

企业通过平台上的信息，能够找到自己的上下游合作方，完善产业链，拓展合作对象。

（七）创新服务工作的基础平台

通过对企业信息的整理，完善创新对企业服务的基础，在支持企业上市（挂牌）、开展企业转型电子商务等工作中对重点企业相应倾斜，各产业基地的申报和审核、相关奖项的评选也一并在平台上完成。

五、框架结构

"云服务平台"可以包括一个大数据平台和四个专业板块。

（一）大数据平台

以前期企业统计和普查数据为基础，建立涵盖当地所有企业和项目信息，通过审核的专业服务机构、政府部门和各地经济开发园区。

（二）专业板块

（1）信息查询公示板块。以企业和政府两方面的信息为主要内容，企业信息包括企业中英文名称、证件（执照）信息、近年财务数据（资产总额、实收资本、营收净额、利润总额、进出口总额等）、地址邮编与联系方式、主要负责人、主营业务。政府信息包括各级职能部门主要动向、各地支持企业政策措施、重大项目信息等。

（2）产品服务展示板块。以搭建企业名品展示馆为愿景，将企业和社会机构的产品、服务分门别类地进行登记与展示，可按照属地管理原则，由当地各行业协会负责运营。适当时候对板块予以升级，以期提供业务推荐、自动配对等智能化服务。

（3）项目申报板块。以便利政企沟通交流、方便企业为导向，企业和经济开发园区日后申请大额信贷、进入企业上市（挂牌）储备库、申报各级各类专业示范园区、重大经贸活动等都通过该板块申报，各级政府部门在平台上予以职权范围内的答复或办理。

（4）论坛讨论板块。以各市场主体之间的密切沟通为目标，在论坛板块中建立兴趣爱好、时政要闻、重大经济动态等专栏，方便各注册成员展开讨论、密切联系，同时为职能部门跟踪了解企业负责人及员工思想动向提供依据。

六、构建步骤

"云服务平台的构建"需要循序渐进，应按照先易后难、先数据基础后连接互动，先单向浏览后交流服务的顺序进行，可以通过三个阶段实施。

第一阶段，业务数据的集中及制订数据规划。主要的工作是制订现有的业务数据的规划和对数据进行整合、转换、清洗、转载和加工，并按照具体需求，由企业与各服务机构上报信息，建立一个面向主题的数据仓库和多维数据中心，在此基础之上，实现数据中心的基本功能，如报表、查询、共享和信息交换等。

第二阶段，完成数据中心的深层次应用。在数据中心的基本应用的基础之上，完成数据中心的深层次应用，如数据的无缝交换、数据的多角度分析、数据的深层次挖掘，为统计和预测企业发展状况提供数据基础，连接其他可扩展数据源，为政府职能部门的管理及决策提供全面的、科学的服务。

第三阶段，建成全面信息化的、即时反应的政府管理和服务体系。政府将首次全面地掌握企业的注册信息、税费缴纳、社会责任、业务动向、财务数据等各个领域的信息，并且在创新对企业服务、企业运行监控、宏观景气预警、领导决策支持方面实现无缝集成和快速反应。

第四节　政府与企业共同拥抱互联网

可能几十年前有人在质疑互联网的意义，可能现在有人在质疑电子商务的意义，就如同几十年前有人质疑互联网的意义一样。但是就现在来看，互联网已经成为各个产业都在拥抱的"宠儿"，每一个产业、行业都在考虑怎么样来一个"互联网+"，能加上去是活，加不上去好像就得等死。而电子商务这个建立在互联网、大数据、云计算等基础上的新的经济方式（暂且称之为经济方式）正在逐渐改变我们生活、生产、学习的环境。今天的互联网可以满足大多数人的消费需求，而随着移动终端逐渐"成为人的器官"以及网络基础设施在更广、更深的范围内铺开，互联网不仅对消费者个体行为带来了改变，也正在将触角延伸到各个行业甚至政府部门，从而带来新的变化——从消费互联网时代到产业互联网时代。

一、消费互联网

所谓消费互联网时代，也就是我们现在所处的阶段。我们可以看到电子商务对传统行业的颠覆：互联网是一群人之间在做生意而不是个人与个人谈生意，顾客有更多的选择权，所以产品必须是好的；消费不再只考虑时间，只要有互联网就可以消费，呈现出全天候移动式的特点。有一些传统产业已经在电子商务的环境下出现了滑坡现象，比如实体书店，很多书店都在兼顾经营咖啡、简餐、培训等业务。

在消费互联网的大环境中，老旧的生产、经营方式已经不能很好地满足市场竞争的需求，这主要是因为消费环境的变化。第一，消费者正在成为所有经济行为的中心。虽然很多时候，"以用户为中心"已经是一个口号，但是只是在互联网带来的整个社会前所未有的高效、扁平化，互联网草根的声音逐渐压过社会精英的时候，作为消费品供给方的企业才真正开始尊重消费者，且这种尊重是自愿的。第二，产品与品牌更加紧密地联系在一起。产品，不仅仅是一种物质，也可以是服务。在消费互联网的环境下，企业可能会更加重视产品的质量，因为在信息传播中一个产品就代表一个品牌。在这种情况下，企业会更加注重因为产品被消费者接受而带来的美誉度、忠诚度，由此带来了整个产业链的重组，甚至商业模式的改变。第三，消费与生活的其他方面密不可分。

由于互联网接入成本的降低和移动互联网的普及，线上线下、买入卖出、服务交易，甚至是生产消费之间的双向流动越来越频繁，可能不经意的一个动作已经为消费做出了贡献，你的搜索词条进入了大数据，你的购买记录成为给别人的推荐，你的支付记录成为个人信用评价的因素等，还有诸如物流行业的效率的提升、支付手段的便捷、跨领域商业活动模式的创新，这些都是消费互联网的连带作用。

电子商务既然发端于传统行业，因为继承和遗传的原因，必然会有传统行业的特征。如果按照市场自由竞争的理论，所有企业都会去争取垄断地位以获得最大利润，如果在单个行业里面只有个别几家寡头企业，虽然市场竞争会持很有序，但有序的背后却是消费者议价能力的缺失和市场监管能力的弱化，甚至会阻碍技术的创新和社会的进步。寡头的形成需要过程，在这个过程中总会有搅局者，电子商务亦如此。企业拥有较高的市场占有率，一方面可以享受垄断带来的超额利润，另一方面可以增强自己对产业链上下游的控制能力，更有甚者自己做起了上下游和周边。对于企业来说，这就有了两个选择，一个是自己做电子商务平台，起初亏钱快速跑马圈地，之后关门收钱。这种方式需要巨额的资金支持，一旦成功地在市场上站稳了，就可以做成大生意，而且门槛很高。另一个选择就是自己挂靠或者说依托成熟的电子商务平台，这些企业可能缺乏必要的资金支持，只能靠不断盈利来充实自己的实力和扩大自己的规模，所以这些企业必须精细化地将好产品投放在电子商务平台上，靠着精细化地投放、回头客的光顾来提高效率，很显然，这种方式增长比较慢，容易被超越。

相对于传统的经济方式，电子商务作为一种线上的方式对消费的改造是比较成功的，传统的经济方式并不是不想改变消费者，而是往往逼着消费者自己改变，比如只生产一种型号、一种制式、一种颜色、一种尺寸的产品，然后告诉消费者就只有这些选择。但市场主体的增多，消费者能够选择的产品理应越来越多，但是由于地域、环境、距离、习惯等原因，依然实现不了"多样化的需求被多样的供给满足"，所以就出现了诸如土特产、专营一类的市场，消费者只能改变自己的需求以满足不充分、不均衡的企业生产能力和市场供给能力。而随着互联网的发展和电子商务的崛起，消费者站到了舞台中央，要求企业听他们的；企业通过互联网也改变了消费者的行为习惯，并且通过密切与消费者的关系壮大了自己。第一，电子商务的流量越来越集中，带来的是消费者的行为越来越集中，更好地迎合了"一站式消费"的习惯，行为的集中带来了赢家通吃。第二，消费者可以更加简便地选择购买渠道和目标品牌、商品，切换的手段仅仅是点几下鼠标或者输入几个字，或者更换网页，为消费者带来更多自主选择权。第三，由于企业在互联网中开展经营服务、消费者在互联网平台上咨询和购买，这些经济行为被互联网记录，方便了交易双方的后续沟通，为企业改进产品提供了借鉴。

对于企业选择是搭便车（依托成熟电商平台）还是自购车（自己做垂直平台），政府可以这样引导企业：如果企业只是要销售产品，那么直接跟成熟的电商平台合作即可，把自己的产品放在互联网平台上，自己负责做好客服工作和配送货。这就像是企业在大商场租了一个专卖店的柜台，然后做好服务工作，无需操心整体经营。如果企业自己做垂直平台，那么企业就必须能够提供一些已经成熟的电子商务平台所不能提供的服务，比如专业性、差异性，或者一些情怀的因素，甚至是抱团取暖（相同属性的企业共同搭建平台）。只有这样，才能吸引消费者回头消费。对于大多数有品牌的企业来说，自己做垂直平台难度很大，所以依托成熟电商平台的方案更加靠谱，至少成熟的电商平台解决了流量的导入。特别是现在大多数电商平台都允许企业开设自己的"官方旗舰店"，通过官方旗舰店还可以延伸到微信、微博等网络交流平台上。众所周知，如果企业欲单独做平台，难度较大，技术环节是其次，怎么样推广并使之深入人心非常困难，当前，电商正头纷纷站稳脚跟，另起炉独立做大做强电商平台的机会几乎没有了。如此，企业似乎只能选择依托成熟的电商平台。电商平台上的产品同质化依然严重，如何在竞争中取胜呢？

可以断定，政府是万万不能指定企业登录哪一个电商平台的，也不能为

企业产品在电商平台上销售进行定价,不过政府可以为企业与电商平台的合作创造一个宽松的环境,给予合作出成效一定的等待时间,在一定范围内帮助有代表性的企业站稳脚跟。政府一旦出力,必须是具有优惠性政策,但是在扶持代表性企业的时候却又是狭隘的。那么,政府该怎样做呢?首先是要制定标准,这个标准就是需要明确哪类企业是政府支持的,这个标准在符合宏观要求的前提下应该包含尽量少的企业,可以门槛高、要求高,因为政府是将此事作为引导而不是全面铺开,换句话说就是从最窄的地方入手,然后引起最宽范围的重视。可以看到,电子商务的发展也是从细分领域入手,特别是一开始接触电子商务的企业,做细分市场的机会还是很多的。这样有利于集中优势资源快速突破、垂直深挖,为横向拓展奠定基础。政府应该对根据标准筛选出来的企业进行再定位,明确企业品牌的特点是高端还是低端。对于有一定策划能力与产品设计能力的高端品牌,可以鼓励它们继续做好设计与个性化服务,并根据品牌的细分领域帮助企业做好推介。如果企业从事的是低端品牌,则应鼓励它们保障质量和销量,帮助企业优化产品的供应链。这里说到对企业的帮助,并不是说政府直接插手企业的经营,而是要利用各种形式和手段表现出政府对这类事情或这类企业的支持。比如政府举办一些活动,可以由这类企业赞助或者给予企业宣传的平台,特别是在公务采购和招标环节,现在公务采购和招标有不少已经在互联网上操作,对于早已布局电子商务的企业可以说是近水楼台先得月。

在消费互联网时代,消费者的消费观念也发生了一些变化,虽然看起来是由于电子商务而改变的,但其实质却是社会发展到一定时期的产物。政府服务企业或者是政府与企业合作,也要顺应社会的发展,要引导企业注意到消费行为的一些变化,并积极做好应对。一要完善企业信用评级,二要做好宣传工作。完善企业信用评级,由于消费者的理性选择与信息传播的发达,诚信的企业平台往往可以脱颖而出,消费者不再持续过分关注大大的企业LOGO,而是更加注重产品本身的品质。只有诚信的企业才能生产出受到消费者持续关注的产品，完善企业信用评级就是要将好企业和专注产品质量的企业负责人留住，加快淘汰差企业以及不负责的企业负责人。对于一些走低价品牌的企业，只要这些企业诚信经营，扁平化的生产销售渠道能够改变产品的成本结构，而互联网高效率的传播带来的天然诚信属性，也让浑水摸鱼的品牌和企业无处藏身，所以，不必强求每一个企业都走高端路线。还有一些企业会故意将自己的品牌描绘得非常高端，以虚高的价格来包装企业的产品和品牌，虽然高端品牌一般都是高价，但是随着企业与消费者之间的信息日益对称，消费者也明白了高价并不一定是高端品牌，真正拥有高性价比，设计与品质俱佳的品牌才能成为消费者最终的选择。为什么在消费互联网时代信息对等实现了呢？因为口碑借助互联网实现了高效传播，真正实现了酒香不怕巷子深，越来越多的企业在宣传品牌的时候不再借助广告投放而是借助网络口碑来获得用户。由于口碑的快速传播，一些专精于细分市场的企业品牌也逐渐被消费者熟悉、被市场接受，一些原本隐性的市场变成了显性市场。政府掌握最广泛的宣传工具，同时也可以掌握最全面的大数据，政府可以在合适的时候以合适的手段将市场的电子商务平台接入自己的电子政务平台。这里说的接入，并不是开设一个端口，而是利用政务信息平台宣传，这个企业通过电商平台所做的工作是符合政府意图的，只有符合政府的意图才能够得到宣传和支持。有了政府的支持，一些在细分市场的小众产品可以得到另外一种"加持"，工厂品牌迎来了巨大的利好，特别是曾经只是大品牌代工厂的企业，借助电子商务平台迅速迎合客户的需求，可以以直销模式带动生产能力和竞争力的提升。

二、产业互联网化

很多传统行业面临着互联网的颠覆危机和挑战，既然不能够阻挡互联网的脚步，那么就得融入互联网的大潮当中。所以我们看到很多行业、企业都在试图利用"互联网 +"追求企业的互联网化发展。互联网时代，由于消费者已

经被电子商务所改变，那么企业的生存、发展空间也在于能不能将更多的企业行为在线上的广度、深度与速度等方面进行延伸。各个行业都在使自己更快地加入"互联网＋"，而这一选择可以说是企业被迫的，也可以说是企业自愿的。在现在这种情况下，企业的业务流程是否能够上线、多少环节能够上线、多少核心环节能够上线取决于企业的选择，但是也在一定程度上影响着企业未来的发展空间和前景。企业不能简简单单是一个看客，而必须加入进来，成为一个参与者。在之前的很长一段时间，我们将互联网看作是一个工具，政府也一样，将互联网看作是施政的工具，但是现在，互联网似乎已经不再仅仅是一个工具，而是一种方式，这种方式渗透到了我们的生活、学习、生产、娱乐等过程当中。政府开设政府网站，起初是为了发布信息，现在逐渐成为一个交流互通的平台，不再是单向而是双向。企业通过对接互联网，不仅仅是展示企业产品，而是获得了另外一种企业行为的方式。比如，企业可以将传统的商务洽谈、贸易往来、生产管理等全部网络化，建立自己的网站、工作信息平台、专属软件等。又比如，企业可以将消费者或者合作伙伴的信息转化为数据，以客户信息的数据化为基础实现客户关系的互联网化，实现线上线下互动。之前说到的消费者互联网时代，消费者走到了舞台中央，以自己的需求"要求"企业完成符合消费者意愿的生产和经营。在这个阶段，消费者是时代的主体，个人的消费体验也提升了。这样看来，似乎企业就站在了弱势地位，似乎只能对消费者唯命是从。

　　企业作为产品的供给方，消费者属于接收方，按照常规理解，作为供给方的企业理应是处于强势地位，因为没有供给就没有接收。这就是为什么在之前很长一段时间，我国生产力水平虽然看似提高了，但是人民生活质量却好像没有得到太大的提升的原因。企业能力提升了，但是并没有很好地满足市场的需求。党的十九大报告中提出，中国特色社会主义进入新时代，我国社会主要矛盾已经转化为人民日益增长的美好生活需要和不平衡不充分的发展之间的矛盾。政府肯定是要解决这个不平衡不充分的问题，而电子商务的发展恰恰给了政府这样一个机会。有的企业只会生产一种产品,那么现在通过互联网让企业了解到市场真正需要哪些产品,企业是变还是不变?变,可能要将生产设备、技术、人员等更新换代,这样做的成本很大;不变,守着自己的一亩三分地,特别是一些老牌企业,可万一别的企业变了,岂不是要失去市场?这里不得不提一下"供给侧结构性改革"。2015 年 11 月 10 日,中央财经领导小组研究经济结构性改革和城市工作时提出,在适度扩大总需求的同时,着力加强供给侧结构性改革,推动中国社会生产力水平实现整体跃升。这是供给侧结构性改革首次被提出。从现在看来,供给侧结构性改革应该至少有三个内涵:一是能够满足人民日益丰富的物质文化需求。不仅要解决有的问题,还要解决好的问题,通过供给侧结构性改革就是要让群众喜闻乐见的产品和服务更多、更好。二是能够引导社会先进生产力的发展方向。需求决定供给,但供给也可以引导需求,改革必须具有指向性,能够超前预判到产业的发展方向,能够紧跟生产力进步的趋势。三是能够灵活调整产业结构鼓励创新发展。经济结构不仅要稳定,还要足够灵活,能够在遇到经济危机冲击的时候顶得住压力,并且能通过创新积极应对各类挑战。所以,企业在现在这种情况下必须做出改变,想要在新环境下生存下来,就必须不断提高生产效益和效率、转变发展方式,也就是拥抱产业互联网时代。

　　政府应该看到,随着产业互联网时代的到来,各行各业诸如制造、医疗、交通、贸易、教育、农业等都会被互联网"+"上。如果说互联网和电子商务是一种经济方式的话,那么这种经济方式的有效运行必须有一个坚实的基础,而这基础的建设,政府绝对不能只是"乐观其成"。虽然我们看到一些大型的互联网企业已经在做一些基础性的工作,有的还做得很好,比如大数据、云计算、区块链等,但是企业往往是各自为政并且尽快抢占资源和市场。现在互联网是一个风口,所有企业都会往这个风口聚集。可是风口有风向,风也会停下来。政府需要做的就是把握好风向,并且尽量让风多吹一会儿,或者调整风的大小。调整风向就是说政府要把握好电子商务发展的方向。在电子商务刚兴起

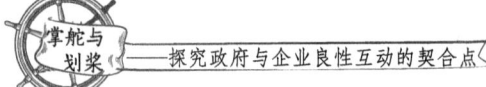

的几年里，电商成了假货的代名词；现在，电商在一定程度上似乎又成为偷税漏税，销售违禁用品和服务的集合地。这些问题可能不是电子商务平台的问题，但是却在这里发生了，政府不能不管。同时，由于互联网行为可以被记录，这些被记录的信息的安全如何被保护，企业会如何利用这些数据，这一牵涉公民信息安全的工作，也只能由政府来牵头负责。如果说调节风向是政府对已经涉足电子商务企业的运行监管，那么调整风的大小就是政府对企业进入电子商务领域设置的门槛。与其说是门槛，倒不如说是一种保护，毕竟企业接入互联网的成本低、手段多，但是真正运行起来就不像入门那么容易。政府设立一个虚拟的门槛，目的在于告诉企业进入有风险，并且为电子商务这种经济方式制定标准。

政府为产业互联网奠定基础，并不是政府亲自去做这件事情，政府的功能在于公共管理，在标准已经明确的前提下，依然是由市场来完成基础设施的建设，只不过这是符合政府要求的。基础设施的建设重点应该在三个方向，一是普及网络终端，特别是移动网络终端，包括各类信息感知设备的普及；二是加强云计算、储存能力建设；三是升级网络线路，保证所有连接能够不间断、快速运行。可以说，终端、云计算和网络链接是产业互联网的基础技术，这就让每个企业、行业拥有了收集、处理、传递大数据的能力，也就获得了市场感知能力。

三、从窄处入手的互联网思维

电子商务在早期可以说是投资驱动的行业，并不是由消费驱动。前面已经说过，起步时期的电商都是在花钱买时间，看看能不能撑到别人都撑不住的时候，然后就可以关门收钱了。所以，在电子商务兴起的那段时间，这个市场被迅速炒热，据说曾经有一个投资公司试图进行撒网式投资，背后原因就是看好了这种新的经济方式必定会成功。以至于各种电商平台如雨后春笋般出现，各个投资机构按照自己对电商的评估和自己的逻辑不断下注、加码，生怕错过了未来的胜利者。直到几年后，特别是整个世界的融资环境趋紧之后，各投资机构开始对电子商务项目变得保守。经过一段时间的发展，电商平台市场基本算是稳定了，大面积的厮杀似乎停下了脚步，一批成功的电商平台成功上市。之前说过，做大的电商平台难度很大，现在已经成熟的几家平台已经在各自整合资源，有的在拉外援，有的是相互持股。不能说企业自己做独立电商平台的机会已经没有了，但至少可以说是几乎不存在了。一方面，投资机构可能不想看到长期的厮杀再次重演；另一方面，电子商务大平台的门槛已经建立起来了，就是规模，相信没有一个企业敢说自己第一年做电商平台就可以销售百亿人民币。

　　现在还有越来越多的企业想要进入电子商务这个领域当中，应该怎么办？政府应该鼓励和引导企业走一条专而精的道路，也就是先从窄处着手。从窄处着手最大的优势就是可以很快地找到一个现金压力和库存消耗之间的平衡点，因为销售品种类少，备货就不会太多，企业可以在电子商务的道路上循序渐进地完善供应链的管理和人才的培养。从窄处着手，意味着提供的产品比较少，所以企业应该做到以用户的体验为中心，将有限的精力放在个别几款产品上。集中企业的优势资源做出一些能够引起市场兴奋的产品，这不仅仅是企业入门电子商务的必要选择，也可能是唯一选择，因为企业在面对自己众多可以做的产品的时候，会不知道如何下手，无论是研发设计团队还是供应链管理，都面临着挑战。如果将 SKU（Stock Keeping Unit），即物理上不可分割的最小库存量精简到对产品品质能够完全掌控的数量，企业的生产经营就能够游刃有余，并实现良性循环。特别是由于消费者满意度的提高带来的口碑效应的快速传递，这不仅仅是产品口碑，更广层面的是企业的口碑，在这个时候，企业也愿意继续迭代产品而降低成本。所以，选择少量产品，甚至是选择单品突围应该是一个比较好的选择。从消费者的角度考虑，人有自由选择的能力，但是在面对几十款甚至几百款外观上大同小异但参数上千差万别的产品时，消费者可能就无从选择了。如果只有个别高性价比的单品推出，消费者也就能轻易决定买还是

不买，有的时候甚至不是买还是不买的问题，而是能不能抢到的问题。

在做单品突破的时候，如果产品本身的利润就很高，不如先让利，以暂时的低价带来产品销量和生产能力的大幅提升，这样产品的边际成本就降低了。只要这样的单品足够好、足够吸引消费者，很快就能赢得市场的重视，在先期让利的基础上随着产品的升级和更新，企业的盈利会逐渐增加。如果单品利润本来就不太高，那么企业贸然让利就有点危险，可能会因为定价的问题而一蹶不振，这也是政府在支持电子商务的时候不愿意看到的，毕竟政府是想提高生产力和生产效率而不是单纯地降低价格。这样的企业，可以选择以产品带动整个产品周边的生态圈，做好后续服务和生态圈的建设，以单品带动围绕单品的其他消费。这个可以说得上是以供给来带动消费档次的提升和消费范围的扩大，政府是乐见其成的。政府所要做的就是防止行业、地区壁垒的形成，因为一旦选择做产品的生态圈，企业可能就要跨行业、跨地区运作，离开自己熟悉的领域"插足"到另外一个领域，在技术合作、贸易合作、知识产权合作方面，政府应该提供保障和便利。因为牵涉跨行业的合作，知识产权的共享与保护就显得尤为重要，一些实力较强的企业可以通过并购的方式直接取得需要的生产能力和品牌能力，但是一些中小企业可能需要用参股、成立合资公司、合作开发等形式取得非本专业的技术和市场。

四、选择合适的入口

我们可以想象这样一个故事：一个生产企业的负责人突然得到了某种"神秘力量"的引导，决定要投入电子商务的大潮当中。一天上午，这位负责人召开了董事会，跟大家分享了他的想法，这个想法得到了所有董事会成员的认可，大家均表示电子商务是企业转型升级的重要抓手，必须尽快跟进，绝对不能落后于竞争对手。这天下午，该负责人又在网上看到了地方政府支持企业主动上线的支持文件，文件里面表明了政府的支持态度，并正在协调各方出台优惠措施。该负责人觉得自己做这个事情一定是对的，就叫来了总经理研究怎么做。

然后，研究了一下午，也没有得出结果。为什么呢？如果自己做电商平台，团队从哪里来？如果挂在电商平台上面，怎么投入？最为关键的是，怎么让所有人知道公司开始做电商了，还要让大家知道公司做电商能变得更好。这样就会出现很多事情，就比如电子商务，政府在支持，企业想要做，消费者在期盼，但是，各方似乎都缺乏一个切入点。特别是作为电子商务运营主体的企业，首次投入电子商务难免无从下手。已经有一些企业在电子商务的初期就已经覆灭，有的可能刚刚"触网"就没了声音，有的可能在电子商务上面投入数百万元却没有看到一点成效，怎么办？

　　企业自己能够看到电子商务的美好，但是就如同镜中花、水中月，看得见摸不着。政府这时可以根据电子商务的特性，促进企业与媒体的合作。为什么与媒体合作呢？电子商务，本质上是一个流量生意，只不过流量用货币衡量了。媒体，天生是做流量的生意，而且对于互联网有更加深刻的理解和认识，知道怎么样在线上做事，这一点是企业所欠缺的。企业对接电子商务，肯定是要获得消费者的认可，而对于获取消费者来说时间效率最高的就是广告投放。以最快的速度将消费者纳入自己的账下，之前也说到先让消费者对企业的品牌产生依赖，形成企业自己的生态圈，就可以关门收钱了。广告投放有两种类型：一种是打广告直接带动销售，这种方法比较急功近利，但是好在时效短。另一种是打广告扩大品牌的影响力，就好比现在看到很多创意十足、非常文艺的广告，特别是很多讲故事、抒发情怀的广告，看到最后才知道是广告。

　　这两种都是比较成熟的市场推广方式，而在企业与媒体合作的时候，现在多采用 ROI 模式（投资收益模式），即企业和媒体每天按照合作所产生的收入按照商定的比例分钱。这种方式降低了企业投放的风险，也让媒体更有动力来为企业进行宣传，给了企业与媒体之间的合作更多自由空间。因为流量通道就在那里，这个企业可以用，另外一个企业也可以用，就看企业与媒体怎样商议合作的方式。作为一种比较大众化的合作方式，需要注意的是企业不能指望媒体做好所有事情，特别是在企业电子商铺的页面设计、售后服务等软件方

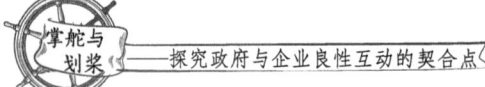

面，还有产品质量等硬件方面，媒体是做不了太多工作的。而电子商务特有的消费者与企业以及消费者之间近乎零成本的沟通，对企业在做推广以外的工作时会造成相当大的压力，所以企业还是得定好位。在媒体协助企业做推广的时候，主要可以通过这几个平台：导航网站，这是一个流量的入口，规模大，投入相对较大，搜索引擎，现在比较多见的就是各种形式的排名和搜索结果的可见度；网站联盟，一个网站关联另外一个网站，聚众取暖；新闻门户，特别是一些专业类的网站，专业性和公信力为人称道；客户端，包括移动客户端，弹出一条广告、开机出现一条广告，或者直接端口自带；社交媒体、网红经济发展到现在不能不说是之前没有想到的。

但是，还有一种是政府容易介入其中的，就是需求方的平台。这种方式就是通过大数据对企业的客户进行定位，避开了之前在媒体上买位置所浪费的不必要支出，而直接对接客户，对接所有有需要的客户。这种大数据，很多互联网公司都在做，而政府也有这样的大数据。之所以这种方式政府容易介入其中，一方面是因为政府对大数据拥有最优先的权利，另一方面是因为政府自己经常试图为交易双方进行匹配，以减少交易成本。政府目前都在更新换代自己的政府网站，以达到不但能可视，而且能互动的效果。政府虽然不能安排企业与消费者交易，但是也可以非常乐于搭建交易平台，特别是一些建议的交易平台。对于一些终端消费品市场，现在已经成熟的电子商务平台做得非常好，企业也已经熟悉相关的路数，但是对于生产中间产品或中介服务的企业来说，登录已有的平台不合适，自己开发太难，想宣传自己又不知道怎么办。政府就可以建立起企业产品、服务的供需平台，这个平台重要的功能应该是展示而不是销售。特别是因为政府的非营利性和公共属性，企业不用担心自己的信息安全，而且企业在与政府的合作当中，自己也能够获得公共政策福利。这种方式看起来非常好，但是做起来很难，政府不仅需要寻找适当的合作方开发平台，还要让企业放下心中的担心，更重要的是需要做好政府公共平台与市场商业平台的对接。

既然选择做媒体投放，就要对投放效果进行跟踪，每一个企业的经济行为都具有特性，而线上投放的一个好处就是互联网具有全部数据的记录能力，这些数据全部都可以量化跟踪。具体来说，要做好以下方面的跟踪：一是从外部互联网宣传到具体成交额之间的关系，包括点击入口的记录和分析，知道哪些流量是从哪些地方进来的，哪些地方进来的流量成交量比较大。二是对每一个合作媒体进行评估，比较每一个媒体对流量的贡献和对销售的贡献。三是按照一年中的时间段、淡旺季、历史数据等进行记录和分析，特别是在公司战略变更、管理层变动等时间段的数据，对相关行为进行评估。四是与同行的投放进行比较，虽然这一类比较很困难，但是应该尽量在可比的范畴内进行比对，取长补短。量化分析，起点是找到量化的数据，对于企业和媒体合作成果数据大致可以有这几个：点击量、有效点击量、进入下一个页面的比例、单页浏览时间、购买时间、成交价格、返购率、新客人数、退换货比例等。不过既然是选择合作，就不可避免地存在合作方作弊，虽然根据 ROI 双方（企业和媒体）是按照销售额分成，但是在实际操作中可能会加上以上指标中的全部或几种以平衡最终的销售额所占比例。那么，媒体出于一些目的，可能就会作弊。不过在越来越成熟的数据模型面前，相关指标的比例几乎是可以成为判断媒体是否作弊的依据。

五、品牌营销

　　在产业互联网时代，企业经营中不应该只强调产品，还应该强调品牌。因为一个产品会更新迭代，但是一个品牌却能够历久弥新。虽然产品的参数能够让"极客"关注，但是大多数的消费者更愿意倾听品牌的故事，更能够记住品牌的 LOGO。

　　具有复杂参数和型号的产品可能会聚集一批极客，而简明的品牌则可能形成一个社群，好的品牌能够将一群似乎是志同道合的朋友聚集在一起。互联网思维的核心就在于始终将用户作为一切行为和决策的中心，在运用互联网之

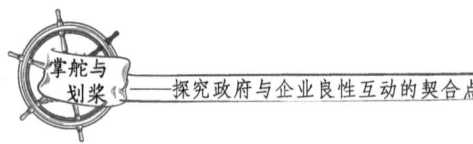

前，企业做品牌多是先提高知名度，然后通过宣传和销售积累消费者对品牌的赞美，最终将赞美积少成多成为对品牌的忠诚度。而在产业互联网时代，企业往往主动或被动地选择先提高品牌的美誉度，之后是忠诚度，最后才是知名度。先有一个品牌的社群，之后慢慢集聚品牌的粉丝，之后越来越多的粉丝带来的知名度，比企业去做宣传和推广有效得多，成本也更低。之前，政府希望通过收入来将人群分为低收入、中产、富裕等层次或者类别，但是通过互联网，人群不仅仅是收入上的差别，也形成了自发性的社群，在这个社群当中收入、职业、性别等都不是主要因素，对品牌的信赖或者说是个性才是这个社群的标签。这种自发性的社群，似乎是非常松散的，但又能被一个品牌、一个所谓的意见代表所左右或者引领。所以，只要社群符合自己的要求和原则，政府乐见这样的社群形成。就企业而言，第一，要抓住目前消费者在日常经济行为和生活行为中的痛点，以帮助消费者解决痛点问题为抓手，将自己的产品打造成引起围观的爆点，消费者什么需求最难满足，就照着这个来做。第二，集中企业的优势资源投资单品，将一件产品做到极致。虽然追求极致会导致成本的上升，但是前面说了，极致单品能够降低消费者的选择疑虑并提高消费者的使用快感，能够迅速集结口碑。所以，不仅能够通过规模效应带来产品成本的降低，还可以借此制造稀缺性为饥饿营销带来可操作性。第三，增加消费者参与产品生产的代入感。消费者通过互联网可以随时反馈自己对新产品的要求和对已使用产品的意见，企业也可以通过品牌社群与消费者进行互动，也可以给予一些积极反馈者以奖励。第四，维护好自己的品牌社群。不能因为自己的品牌优势就对消费者不闻不问、不理不睬。要知道，互联网走的就是这种路线，电子商务更多的时候是一种信赖的经济合作方式，一旦建立了对品牌的信赖，消费者的第一选择就会是这款产品。反过来，消费者也应该争取企业的信任，互联网造就的商业关系是双向的，消费者选择企业，企业也在选择消费者，所以，政府对社会信用体系的建设和违反信用的处罚机制应该加快和加强。

既然互联网品牌的核心是信任，那么企业就要维护好自己的品牌社群，最好的结果就是这个企业生产的任何产品都有人抢购，并且消费者不关心产品的质量问题、价格是否合理，达到一种"××品牌就是正义"的感觉。这里，可以借鉴帕特里克·汉伦写的《品牌密码》一书中提到的七个密码——创业历史、信条、徽记象征、仪式、对立阵营、神奇术语和领导者。创业历史，企业在互联网上说故事一定要引人入胜，要不断地重复，以近乎洗脑的方式让品牌形象深入消费者心中，而故事中的主角要有足够的魅力，最好能够以平民的形象出现在消费者眼前。信条，就是要让企业相信什么是能成功地转变为消费者相信什么是能成功的，让消费者在产品上找到精神寄托，觉得自己属于这个品牌社群，这个品牌社群能够帮助自己成长。徽记象征，以最简单明了的形式让消费者记住的标记，看到这个就知道是什么品牌，不一定要很复杂，但是要足够让人过目不忘。仪式，仪式感，就是让消费者经历过一种行为之后，以后如果不这么做就会有不舒服的感觉，一道完整的程序遍布消费者的所有接触点、与消费者不间断地互动等，甚至可以加一点点惊喜。对立阵营，既然是选择从窄处入手，而突出自己特点的最好办法就是告诉大家自己不是什么，特别是让自己站在一个现在已经成熟的品牌形象的对立面；有时甚至可以不惜创造出一个虚无的对立面；还可以对已经成熟的品牌进行改造，杂糅进去一些内容形成自己的特色。神奇术语，语言的魅力不仅在于朗朗上口，而且还可以被创造，特有的品牌文化创造出特有的品牌术语，从文化角度入手似乎更容易深入消费者。企业的负责人可能并没有什么特别出彩的人生经历，但是在互联网的环境下，他必须是五颜六色的，也可能是充满传奇色彩的，所以企业负责人必须以自己的逻辑和审美来定义企业的品牌，并且把故事讲好。

政府一直在强调企业自主品牌，因为企业有了品牌才能有自己的灵魂，品牌代表了企业的文化和未来发展方向；有品牌，企业才能感受到自己是在做企业而不是在打工，碌碌无为。政府支持企业创建自主品牌，绝对不应该仅仅是登记一个商标或者开设一个官方网站，还应该包括将社会主义经济该有的情怀加入企业的品牌建设当中去。具体到互联网品牌，企业做品牌营销必须要有情怀、有使命感，不是赚钱，而是应该顺应消费者的需求并结合社会主义核心价值观。企业在讲品牌故事的时候，不能仅仅说自己怎样赚钱、怎样发家，也应该说说怎样团结奋进、朋友如何互助、如何履行社会责任等。可能有人会说，企业只要能赚钱，就是好企业。但是在电子商务这种经济方式当中，消费者不仅仅关注企业的经济实力和产品质量把控，也关心企业是否走得正、行得直，特别是在一些大是大非面前站得对不对，有没有履行应尽的社会义务。

六、通过互联网建设文化企业

企业与消费者做再多的互动，政府做再多的调研，最终还是要落实到企业行为层面来落实很多的想法和创意。企业如果一直在想怎样盈利，往往所有的行为都落脚在减少成本上面和提高质量上面。虽然这对于企业和消费者来说是没问题的，但这仅仅是从理性的角度考虑，忽略了企业的另外一个属性——一群人的集合体。企业做电子商务不能仅仅讨好消费者，也要讨好一下自己的员工，所有企业的收益最终都是由企业员工所创造，企业在团结消费者的时候也应该团结自己的员工。而团结员工最好的方式并不是给钱，而是企业文化建设，文化氛围建设非常重要。如果说在传统行业里，员工可以以近乎机器的方式不断地工作，因为很多工作不需要员工去思考，他们只要去落实。但是在产业互联网时代，就日常工作而言，员工心中比使命、愿景、价值观更加看重的是办公环境和工作氛围，员工工作的成就感是第一位的。

每一名员工在企业的时间很长，企业工作环境是否温馨对于员工来说非常重要，现在没有人希望自己像机器一样运作，也不希望自己被像机器一样看待，而且互联网的发展让员工能够更清晰地了解别的企业是什么样的，也能了解到消费者的生活状态。在这种种对比当中，企业员工可能会骄傲，可能会失落，所以在"没有对比就没有伤害"的环境下，企业不能坑自己的员工。企业文化氛围的营造不仅能让员工心情愉快，也能够为企业文化内容的传播提供平台。电子商务特有的互联网展示平台，消费者不仅能在页面上看到产品，同时也可以看到企业文化的建设情况，仅仅是加上一两张照片，或者是在品牌社群的电子平台上传播一些视频、活动内容等，让每一个顾客都能看到品牌背后真实的人物，能够极大地增加消费者对品牌的亲切感。员工对待消费者的态度好，会将这一份快乐传递给消费者，最终提升产品的温度。

现在公司里面提供免费的三餐已经不能算是创新，所以很多成熟的互联网公司都在企业文化上进行创新，有的部门不叫××部门，而叫作××山或者××门派；有的让员工起一个花名，相互称呼起来自带笑点；有的设置一些比较特殊而又奇怪的岗位名称，做一些在传统企业不存在的工作，比如观察员工的士气、提升员工的幸福感、组织员工娱乐活动等。有时候，企业负责人会走近员工，与正在工作的员工近距离交流，这在传统行业是很难见到的，这种"微服私访"形式的督察工作，将企业负责人与员工之间的距离拉近了。

如果说为企业赢得收益的事情是自下而上的，那么做企业文化就应该是自上而下的。文化不同于文化活动，属于顶层设计，而在企业当中，企业负责人的风格往往决定了企业的文化风格，独特的企业文化是由企业负责人的个人风格决定的。企业都在说要赚钱，但是怎样赚钱、赚多少钱、怎样用钱，都是由企业负责人或者企业管理层说了算，企业用电子商务的经济方式经营必须要有特色，这个特色就应该是企业负责人的风格。特别是当企业刚起步的时候，企业文化就是企业负责人个人文化的映射。而且在推动企业文化建设过程当中，只有高层重视了，整个企业才会重视，因为企业文化建设对企业经济效益的增长影响不明显且不是显性的。企业文化建设，最终要落实到员工这个层面，企业可以从两点入手，一个是企业内部的装潢，另一个是员工身边的事情。企业内部装潢，也就是将企业文化形象画到涂鸦板、海报、贴纸上等，让员工无时无刻都能感受到企业文化就在身边。员工身边的事情，特别是一些不起眼的小事情，一些平常不重视但是在紧急情况下却能起到重大作用，还不断改善员工工作、生活、学习的环境，让员工的生活点滴在企业工作环境中得到交汇。

虽然企业负责人的个性对企业文化建设很重要，但是光靠个性和兄弟情可能并不能办好企业。企业在经营管理分权分利的时候一般有这几种表现：一个人说了算，所有权利和权力一肩挑；给下属员工少许股份，以资鼓励，但是自己要有控股权；大家平均分股权，所有人事商量着来。而一位有个性的负责人，往往喜欢第一种方法，因为个性比较强势。很显然，这个并不适用于产业互联网时代，因为员工依然被视为工人而不是企业主人、事业合伙人，没有主人翁意识。企业在实际操作中可以给予员工期权和股权。期权和股权作为资本市场常用的激励办法，在新时代有更多的用处，特别是电子商务这种新方式刚刚开始的时候，企业往往需要组建新的团队，那么新团队的建设就可以从期权和股权的认领开始。期权和股权并不仅仅是一种资本手段，也是一种约束机制，只不过这种约束机制套上资本的名头。管理企业不仅要靠兄弟情义，也要靠制度，期权和股权既是激励措施也是限制措施，更是协同作战的保障。

七、政府与企业需要主动转型

由于互联网的出现，给企业发展环境带来的变化，最显著的也是最能逼迫企业的就是消费环境的变化，因为企业的所有经济行为都必须从消费者需求的角度出发。消费者走到了舞台中央，明里暗里都在要求企业听他们的要求，并按照他们的要求做出改变，主要体现在以下几个方面：一是消费者的能力越来越强，作用面越来越广。由于互联网的作用，消费者能够有更多的知情权和选择权，从一个"小白"到"低端极客"可能只需要一天的时间。不但学习能力得到提升，而且能够对企业进行评价，虽然评价是建立在对产品的评价之上，但是在其他人看来就是对企业、品牌的评价。这种"口碑"的力量，要求企业与消费者对话，开诚布公地沟通了解。二是融合在各个领域展开。不仅仅是生产者与消费者之间的融合，与电子商务有关联的自媒体、大数据、物流等行业都在互联网的平台上加强融合，而这一切的融合都是消费者的要求，因为消费者追求更便利的经济行为方式，更充分地表达自由。三是审美发生了一些变化。一方面，一些自嘲自黑的"趣味"能在网络上使得企业显得更加自信；另一方面，页面的设计更加契合目标消费者的需求，而不是千篇一律的"大红大紫"，设计风格有时也加进了企业的文化细胞。审美的变化，是说消费者对"美"的表现形式有了新的要求，有时候消费者更加看重这个企业宣传的文案是不是与自己的个性相符合。

面对消费环境的变化，企业必须做出改变。改变，是一个哲学问题，也可以是一个世俗问题。马克思主义哲学说要用发展的眼光看问题，既然现在企业产品的受众环境发生了变化，企业就必须改变，更何况，如果企业能够引领这种变化，通过自身的改变带动消费者和消费环境的改变。企业从传统企业到互联网企业，怎样转型，用什么方式转型很关键。企业转型，决心很重要，负责人的决心是企业能否顺利、快速转型的重要力量，需要管理层拿出当年创业时候的激情和心态，面对新的产业互联网时代。而让负责人下定决心转型的关键因素还是经济因素，虽然企业比过去更加愿意履行社会义务，但企业是需要赚钱的，转型升级是一个商业问题，企业负责人经营企业是在做生意。如果企业实力很强，那么就可以选择跨界转型。既然环境已经变化了，企业自己的优势在于生产，但是又不能没有互联网，那就自己去整合资源，把所有需要的企业、行业都整合进自己的集团当中。这种粗放型的转型方式，因为自身资源、资金实力强，可以承受一定的试错成本，但很快捷，所需要的功能通过整合全都有了。如果企业实力不是太强，不能够承受过大的试错成本，那就先对企业进行"换脑"，换一个互联网、电子商务的脑子，以文化建设来为企业转型奠定坚实的基础。这种方式要求企业管理层放空自己，以学生的心态对待新生的电子商务经营管理方式，并且应该鼓励管理层深入一线员工当中，在了解消费者的同时也了解自己的员工；在自我学习的同时，带领员工们一起学习。企业在换脑之后就要尽快让企业"加上"互联网，可以从商业模式、产品体验、市场推广等方面进行转型和改造，而这一系列的改造可以从加强连接互动、降低成本、扁平化处理、重视硬件和基础设施投资等方面着手。最终归结到一个字"快"，这个"快"可以是反应能力的快，可以是生产的快，也可以是消费的

快。虽然有的品牌在炒作"慢"，但如果企业跟不上时代发展的快，一样是死路一条。

政府一再说支持企业转型升级发展，改进技术是转型升级，而转换经济行为方式也是转型升级。国务院早在 2015 年就发文支持电子商务发展（《国务院关于大力发展电子商务加快培育经济新动力的意见》），指出"电子商务正加速与制造业融合，推动服务业转型升级，催生新兴业态，成为提供公共产品、公共服务的新力量，成为经济发展新的原动力"，提出要在健全法规标准体系、加强信用体系建设、强化科技与教育支撑、协调推动区域电子商务发展等方面做好支撑。企业转型面临着风险较大、资源缺乏、人才不足、思维不开放、标准不统一、保障不到位、法规不完善等问题，特别是现在企业转型电子商务的途径、类型、方式多种多样，如何引导企业转型，如何为企业转型定标定调，是政府需要考虑的问题。还有就是要帮助企业解决跨界经营管理的问题，尤其是企业之间合作的，为有合作意向的企业牵线搭桥。我们说企业做互联网转型要寻找消费者的痛点，那么政府也要找到企业在转型中的痛点，有的企业负责人专精于技术，对营销和公关没有太多的思考；有的企业热衷于炒作"网红"产品，但不愿意投资技术升级，这类片面的企业发展路径不能带来长久发展，也不是电子商务这种经济方式的转型内涵。而政府在支持企业转型电子商务或者对接互联网的时候，最基础的工作应该是完善互联网基础设施的建设，包括宽带网络的普及、互联网教育的普及、互联网标准的推广以及与之相关的物流、金融、知识产权保护方面的支持。

还有一种转型的方式——O2O。相对于常提到的 B2C、B2B、C2C 这些将销售集中在线上的电子商务模式，O2O 可以说是较新的模式。这种电子商务模式特别适用于服务类企业，更加强调客户的线下体验。许多传统企业往往只具备线下招揽客户的能力，而不具备线上捕获流量的能力，这种先天的短腿逼着它们去找有流量的平台合作。而互联网平台项目具备线上流量的捕捉能力，但弱在线下资源的整合。所以传统企业与互联网的合作尤为重要，这是企业转型的原因，但有很多传统企业跟互联网不在一个频道上。比如外卖、理发、洗浴、电影、KTV、装潢等，电商平台上的销售时间与消费者享受服务的时间错配，这是与消费品完全不一样的方式。线上线下资源的整合，考验着企业的能力。建立起消费者与企业之间、消费者与电商平台之间的信任非常重要。所以，转型不仅仅只看着线上，也要关注线下，两条腿走路。国务院在2015年印发了《关于推进线上线下互动加快商贸流通创新发展转型升级的意见》，提出要从鼓励线上线下互动创新、激发实体商业发展活力、健全现代市场体系和完善政策措施四个方面支持O2O发展，就是因为看到随着移动互联网等新一代信息技术加速发展，技术驱动下的商业模式创新层出不穷，线上线下互动成为最具活力的经济形态之一，大力发展线上线下互动，对推动实体店转型，促进商业模式创新，增强经济发展新动力，服务大众创业、万众创新具有重要意义。

八、企业选择不做品牌的商业模式

之前一直在说企业要说好品牌故事，要形成品牌社群，要从窄处打造品牌等，但是如果企业不想做品牌，或者企业没有品牌，是不是就不能做电子商务？是不是就不能拥抱互联网了？答案一定是否定的。除了自建电商平台、加入成熟的电商平台之外，还有一种模式——ODM（Original Design Manufacturer），即指原始设计制造商模式：由制造商企业设计、生产产品，由品牌方采购，配上各自的品牌名称或稍作改良生产；产品的外观、面料等权益归属方为制造商；制造商可将方案和产品售于多个品牌方。说通俗一点就是简言之，企业只要负责生产，其他的一切问题都由电商平台来解决，至于品牌，则统一是电商平台的品牌。

从资金投入分析，ODM模式产品营销均由平台方负责，企业资金投入较少。入驻电商平台模式，企业前期店铺开设、平台推广费用为50万~70万元，店铺推广一般可依托现有电商平台的知名度（流量红利），组建专业团队操作；

自建商城网站模式，网站及 App 开发等费用支出约 150 万元，技术运维费用约 100 万元 / 年，此外还需支付域名费用、服务器费用及各种支付接口对接费用。商城上线后，企业需投入巨额资金用于推广平台、吸引流量、打造品牌。从资金投入上来看，ODM 模式的业务模式简单，不涉及线上销售环节，资金投入最少。入驻电商平台模式前期需相对较少的资金投入，而自建商城网站的前期投入多，而且后期引流投入巨大，传统企业难以迅速组建团队，中小企业则难以承担费用。从技术角度分析，ODM 模式利用成熟的电商平台开展业务，传统企业仅需专注于生产，不涉及线上技术运用；入驻电商平台模式使用统一网站域名及平台专有的客服工具；自建商城网站可自行设计独立的平台使用规则，并根据实际需要使用各种在线客服工具。从技术层面来看，ODM 模式未涉及产品线上销售，无技术方面顾虑，入驻电商平台模式在技术上有一定限制，而自建商城网站在销售手段上更灵活有效。从企业竞争力分析，ODM 模式可直接利用成熟电商平台的品牌效应，以传统企业熟悉的产品加工制造为切入点，并不直接参与商品线上销售，有助于传统企业快速拓展销路、发展业务。入驻第三方电商平台开网店，可以利用第三方电商平台较为成熟的品牌效应，快捷地增加产品销量，提升产品知名度。自建商城网站需要有清晰明确的定位，将有限的资源投入到特定点上，将服务细分类目的消费者作为基本的经营策略，因此，可将小而美的垂直电商模式作为布局着力点。此外，自建商城网站还要注重培养专业的运营和技术团队。

综合以上分析，三种模式各有特点，企业需要根据自身产品的品牌与运营实力进行选择，传统企业，特别是众多代工类企业可先行选择 ODM 模式。因此，传统企业向电子商务转型升级中，可以以 ODM 模式为切入点，推动传统企业以最小的成本、最快的速度、最高的效率依托互联网实现业务拓展，转型升级。

九、政府引导企业拥抱互联网

当前正处于经济新常态下动能转换的关键时期，政府有必要进一步推动传统企业转方式、调结构。面对现在世界的经济形势，虽然企业外部需求下滑、整体经济环境面临着比较大的发展压力，但依然有一批企业逆势上扬，甚至实现了超过 10% 的增长幅度。仔细剖析有三个原因：一是在研发上舍得投入，新技术带动新产品，在市场竞争中获得了先发优势；二是管理上舍得投入，生产流程规范有序，产品质量上乘；三是在销售上舍得投入主动对接内需市场，不仅弥补了外销订单的下滑，而且还实现了业绩的整体增长，也为加大研发投入、提升管理水平奠定了坚实的基础。所以，"主动对接内需市场"是一些企业逆势成长的主要动力。考虑到传统内需市场渠道建设成本高、周期长、难度大，而中国电子商务环境日臻成熟、"互联网 +"制造业方兴未艾，积极扶持和引导企业熟悉电子商务、参与电子商务、通过电子商务主动对接内需市场，能更好地协助企业分享消费结构升级换代带来的重要发展机遇，帮助企业实现健康稳定增长。

引导企业转型电子商务是助力企业转型升级的新方式。以往的转型升级的焦点都集中在机器换人或者加大研发投入上，企业转型升级的效果好、成绩显著，但需要投入大量资金和高科技人员。对于很多本就处于成本收益边缘地带且占企业总数绝大多数份额的中小企业来说根本无力负担。通过电商对接内需市场，可以让中小企业以相对较小的投入、相对较低的试错成本换取相对较显著的收益和成长，从而让企业能够强本固基，积蓄实现转型升级的足够动能。引导企业转型电子商务是建设内外资企业交流合作载体的新形式。传统的内外资经贸载体建设是在土地上生长出价值，而企业转型电子商务是依托互联网实现价值增长，以产品流通带动信息汇聚，进而撬动资本杠杆引发更大范围的贸易往来，最终加速汇集专业人才和其他要素优势。这将促进外商专注的制造产业与中国互联网产业形成更紧密的结合，也将会成为吸引外籍青年就业、创业

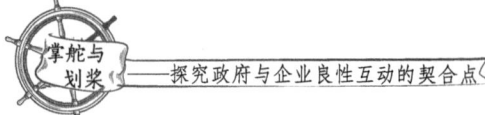
的新增长点，同时也是促进内外资产业融合的崭新尝试。引导企业转型电子商务是响应"一带一路"倡议的新措施。随着"一带一路"倡议的深入推进，沿线企业特别是主攻对外的企业很多都是两头在外，随着国内的劳动力价格上涨，难免会萌发外迁的动机，并且政府也鼓励企业去境外投资设厂。帮助这些企业对接内需市场，让内销成为企业销售的重要组成部分，一方面会促使企业加大力度研究内需市场；另一方面也会让这些企业不愿彻底断了与国内的联系，即使因为生产成本的原因要把生产部门迁走，也会因为中国境内市场对企业发展的重要意义，把针对中国客户需求的研发机构、市场机构留下来，就会让外迁的企业继续与国内保持紧密的联系，就会让外迁的企业仍然心系国内的现代化建设，从而在实际上形成响应"一带一路"倡议的积极效果。所以，引导企业转型电子商务不仅是市场行为、企业行为，也有着服从、服务对外开放工作大局的重要意义。

在实际推进工作中，存在着企业人才储备差、转型门槛高、企业不积极、引导外资企业工作缺乏抓手等问题。一是企业人才储备差。传统生产制造类企业普遍拥有产品研发优势和产品管控制能力，适应并严重依赖传统代工生产模式。但电子商务领域实行着完全不同的商业模式，运营的关键指标集中在引流成本及营销策划、爆款打造及定价策略等方面。所以，企业转型电子商务，首先要解决的问题就是要换一个电商的脑袋；其次是要广泛吸纳电商人才，组建一个有互联网电商思维的管理团队；再次要逐步调整产品设计甚至变革企业组织方式以适应电商发展需要，最后才有可能在发展成熟、充分竞争的电商市场中胜出。二是企业转型门槛高。企业转型电子商务要在原有管理成本基础上额外投资IT（信息技术）系统和运维团队，加上不断增长的推广成本，按前文所述，电子商务的入场门槛越来越高。有些中小企业，甚至是大型企业抱着满腔热情去开网店，几十万、几百万投进去却看不到任何效果，一方面经济上受损失，另一方面也丧失了发展电子商务的信心。三是企业转型意愿不高。对于生存环境好、品牌质量优的企业而言，插上电子商务的翅膀是企业迈上新台阶的重要契机，它们有条件、有意愿主动融入电子商务，也是各类市场化资源竞相服务的对象。但对于更广大的中小企业而言，守着传统模式是等死、投资更新设备是"找死"、发展电子商务害怕生不如死，导致它们面对电子商务始终是"有想法没办法"，只有创造条件让它们抱团试水才有可能合力迈过电商的门槛。四是引导外资企业工作抓手少。企业转型电子商务不仅是顺应经济发展规律的历史必然，也有必要成为新时期开展对外经贸工作、促进内外资经济融合发展的重要着力点。但目前为止，我们缺乏支持和推动外资企业转型电子商务的工作抓手，如果仅仅将电商纳入现有电商扶持政策的服务体系，不能彻底达到"为我所用、服务好对外开放工作大局"的目的，无法彻底兼顾好经济效益与社会效益，无法实现合适企业转型电子商务的最大价值。

推动企业从"传统制造业＋传统渠道"转型升级为"互联网＋制造业"不可能一蹴而就，相反，这将是一个长期蜕变的自然进化过程，政府必须营造好环境、把握好方向、树立起典型、滚动式发展。所以，可以从六个方面逐步引导企业转型电子商务。一是出台政策。在广泛征求各方意见的基础上，制定出台地方关于扶持企业转型电子商务的实施方案和发展规划，将企业转型阶段的工作纳入地方现有电子商务扶持政策的服务范围，并陆续推动有条件地区出台相关的配套措施。二是宣传引导。充分发挥主流媒体的舆论导向作用和自媒体公众号的点对点互动优势，普及电子商务知识、强化电子商务意识、宣传企业转型电子商务的成功案例，并适时举办电商发展论坛，在当地营造良好的发展环境和社会氛围。三是培训辅导。整合当地产学研资源面向三个群体制订科学、专业的培训计划，第一个群体政府部门的工作人员，让他们了解熟悉电子商务并顺利转换成电子商务的宣传员；第二个群体是企业和企业负责人，让企业上上下下各岗位逐步衔接上互联网电子商务的思维模式；第三个群体是广大青年，让他们通过学习实习掌握电子商务从业技能，在当地找到就业、创业的发展空间。四是搭建载体。要鼓励各地在现有电子商务产业园的基础上主动扩大对中小企业在转型升级阶段的服务，要引导和支持有条件的地区建设企业电

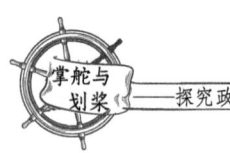
子商务产业园，构建产业链完整、功能齐全、特色明显的电子商务的集聚示范园区，逐步增强对当地企业转型电子商务的支撑引领和辐射带动作用。五是创建平台。以混合所有制的形式兼容并蓄各种体制机制的优势，设立当地企业电子商务综合服务平台，按照"助力转型、普惠服务、有利各方"的原则，统筹规划当地企业转型电子商务的工作，整合当地优势资源形成市场竞争力，降低当地企业转型电子商务后的市场推广成本，不断提升工作的实效，不断坚定企业转型电子商务的信心。

第四章　政府与企业在青年创业领域的互动

　　故今日之责任，不在他人，而全在我少年。少年智则国智，少年富则国富；少年强则国强，少年独立则国独立；少年自由则国自由，少年进步则国进步；少年胜于欧洲则国胜于欧洲，少年雄于地球则国雄于地球。红日初升，其道大光。河出伏流，一泻汪洋。潜龙腾渊，鳞爪飞扬。乳虎啸谷，百兽震惶。鹰隼试翼，风尘翕张。奇花初胎，矞矞皇皇。干将发硎，有作其芒。天戴其苍，地履其黄。纵有千古，横有八荒。前途似海，来日方长。

——摘自梁启超《少年中国说》

第一节　关于政府支持青年创业的原因和思考

党的十九大报告中提出，青年兴则国家兴，青年强则国家强。青年一代有理想、有本领、有担当，国家就有前途，民族就有希望。中国梦是历史的、现实的，也是未来的，是我们这一代的，更是青年一代的。中华民族伟大复兴的中国梦终将在一代代青年的接力奋斗中变为现实。全党要关心和爱护青年，为他们实现人生出彩搭建舞台。广大青年要坚定理想信念，志存高远，脚踏实地，勇做时代的弄潮儿，在实现中国梦的生动实践中放飞青春梦想，在为人民利益的不懈奋斗中书写人生华章！

青年人创业就业，被放在"大众创业、万众创新"的大布局里面，中共中央在2017年4月公开发布了《中长期青年发展规划（2016—2025年）》，提出通过推动完善促进青年就业创业政策体系、加强青年就业服务、推动青年投身创业实践和加强青年就业权益保障等方面对青年就业创业予以支持。

在说到给青年人创业提供支持时，总是会有各种看起来"喜上眉梢"的词汇出来，比如"减免""保障""促进""优惠""大力""兜底""辅导"等，就好像政府能为青年人创业而创造出一条完整的产业链。这里不得不提一下，政府能做的依然只能是服务工作，而不是为青年人做主。

青年人创业到底需要什么，成功创业的青年人到底得到了哪些关键的帮助，创业失败的青年到底做错了什么等，如果不考虑清楚这些问题，可以说，政府是做不好支持青年创业工作的。青年人创业确实需要钱，但是仅仅有钱是不够的。有的成功创业的青年人可能根本不缺钱，现在大家耳熟能详的创业一代大多出自书香门第或者富裕家庭，这样的成长环境一方面赋予了他们更多的文化基础，另一方面也带给了他们经济实力和人脉，这两点为他们今后创业奠定了坚实的基础。

说青年人创业缺钱，那是因为青年人本来就缺乏资金，虽然有的人很早就自谋生路自主创业，在学校开复印店、做家教、卖小饰品等，但是对于创业

来说,这些资金可以说是微乎其微。虽然现在很多"低成本创业"逐渐走进大家的视野,经常被提及的就是开奶茶店。如果做自主品牌,确实成本不高,20万元就可以将店面开在学校或者某一个小巷子里面。但是如果需要与大品牌挂钩,数百万元的加盟费是非常常见的,而且还需要有一定的资质和良好的店铺位置,加盟费和店铺租金对于青年人来说无疑是一笔巨大的资金。

说青年人创业不仅仅需要钱,是因为青年人并没有从商的经验。抛去创业的准备,成立一家公司并不困难,但是公司的运营就没这么简单了。一方面,低价买进、高价卖出被视为最为简单的商业道理,但是何时买进卖出,何为低价、高价,如何判断行情走势,都是需要经过磨炼才能掌握的商业技能。另一方面,商业的活力在于流通,而流通的通路在哪儿则需要从商的人慢慢去摸索,慢慢去打通。

政府作为公共行政机关,需要从整个社会的角度着手,来为全体青年人提供创业服务。

创业是一个"市场性"工作,主要出于两个原因。

一是因为创业本身就是"市场性"的行为,青年人对自己掌握的人脉、资源、技术、市场和自己的经营管理能力有一定的自信,并且认为自己能够在市场环境中取得更大收益,所以才去创业。青年人创业的根本目的,或者说是最原始的动力是获得收益。如同"股市有风险,入市需谨慎"一样,创业同样具有风险,特别是在创业门槛越来越低、创业成本越来小的大环境下,越来越多的青年人试图创业,而在动了创业心思的时候,这些青年人就应该明白,而且肯定明白创业是在市场中搏杀,没有人会因为他们年轻而手下留情,为了赚钱,就得承担亏欠的风险。没有任何人、任何组织强迫青年人创业,也没有任何人、任何组织保证青年人创业一定能够成功赚到钱,能够创业成功也是市场选择的结果。

二是因为政府的相关工作是有边界的。政府应该为青年人创业提供"无微不至"的服务,但是政府作为宏观经济调控的指挥官,不应该插手微观的青年创业企业经营管理。政府相当于青年创业工作的一个信息发布栏和政策信号灯，可以告诉青年人创业的途径有哪些、创业的方向在哪里，同时也可以引导社会力量和市场力量参与到支持青年创业工作中。政府职能最大的效应应该放在维护创业环境的公平和搭建创业平台方面。倘若政府插手青年创业企业的具体经营管理，那么具体插手哪一块业务？支持哪一个企业？该如何选择？这里说到政府支持青年创业工作，不去插手具体的业务和企业，但是可以引导支持或者回避、限制某些行业或者产业：一方面，创业是青年人自己的选择，成功与否完全是市场机制的作用；另一方面，政府只能提供平台和信息予以引导，不能插手具体的创业项目。这样，支持青年人创业工作就显而易见地成为一项"市场性"工作。

"市场性"的工作，由市场主体来做才是最佳的方案。政府并不是将这项工作完全交给市场，自己不管不顾，任由其发展，政府可以通过"看得见的手"对支持青年创业工作加以引导。在做这些引导工作的同时，政府不应该忘记这些帮助青年人创业的市场机构的市场逐利性没有改变，只有这些市场主体认为这件事情能够获利，或者以后能获利才会持续地做下去。政府也要认清一个现实，青年人创业也会失败，并不是政府搭建了平台、推动了相关工作、协调了支持机构就·定能够成功。

具体说到政府支持青年人创业这项工作方面，政府到底能做些什么，或者能够协调哪些市场机构做哪些事情呢？

第一，政府可以出台政策。在我国现有的体制机制下，政府其实掌握着绝大多数存在的资源，能够调动的力量也非常之大。但是政府具体要为青年人创业提供哪些服务，最直观的是体现在出台政策方面。政策的出台能够引起社会和市场的注意，能够明确方向和重点，不仅青年人能够清楚自己要去做什么，市场机构也能明白自己能做些什么。这些政策不一定能够直接给予青年人唾手可得的现实利益，但是必须能让创业工作变得有规可循，也使得青年人的创业工作没有后顾之忧。

第二，政府可以协调金融机构予以支持。为什么是金融机构，而不是人力、土地、物流等其他市场机构？金融之所以被称为现代经济的血液，是因为它贯穿于经济的所有角落和阶段，企业生产经营的各个环节都需要金融的助力。金融可以通过融通的属性，将社会、市场各个层面和各个领域的资源联通，金融可以是一个手段，但更多的是一个纽带。

第三，政府可以为青年人搭建交流平台。青年人在日常工作、生活、学习中有活力，且愿意沟通，也乐于交流。青年人之间激烈的思想碰撞，往往可以激发出更多的创业的火花，也可能在不经意之间闪现出巨大的商机。政府为青年人搭建交流平台，一方面将这些有志青年纳入自己管理和服务的框架下，了解他们的动向；另一方面有助于打破一些小圈子和小团体，让不同文化基础、不同来历背景的青年人全方位地交流合作。

第二节　政府出台支持青年人创业的政策措施

一、确定支持政策措施的指导思想

参考 2014 年团中央出台的《关于加强共青团促进青年创业就业服务体系建设的实施意见》和 2015 年国务院出台的《国务院关于大力推进大众创业万众创新若干政策措施的意见》等相关文件，以及各省区市、各设区市出台的文件，有几条重要的指导思想值得注意。

二、实施创新驱动发展战略

2012 年，党的十八大明确提出："科技创新是提高社会生产力和综合国力的战略支撑，必须摆在国家发展全局的核心位置。"强调要坚持走中国特色自主创新道路、实施创新驱动发展战略。2015 年，中共中央、国务院出台《关于深化体制机制改革加快实施创新驱动发展战略的若干意见》，提出营造激励创新的公平竞争环境，建立技术创新市场导向机制，创新培养、用好和吸引人才机制，推动形成深度融合的开放创新局面，加强创新政策统筹协调。

青年人创业，创新是主要方向。选择创业的青年人，要么是有充分的资金支持，要么是有别出心裁的创意。我们常说的青年人创业，只要是青年人注册一家公司、支一个摊点、开一个网店，甚至直接在微信、贴吧等网络平台上叫卖一下，我们都称之为创业，这些可以称为是"入门级"创业。之所以提出要实施创新驱动战略，是因为创业还有一个高级阶段——创新创业。将创新的想法、思路、方式方法等投放到商业运作、资本投资、经营管理、技术研发、设计变更等方面，这都是创新。从广义上讲，创新可以分为三类：一是技术变革；二是商业模式变革；三是服务方式变革。

技术变革，对于技术变革需要技术积累，作为刚刚毕业的青年人，大多数人能够熟悉技术的原理和基础支持就已经很不容易了，如果要对技术进行变革，难度非常大。不过，如果对本身就已经成熟的技术进行小修小补，技术创新的一个较低的门槛，这不失为青年人创业入门的好契机。

商业模式变革和服务方式变革，应该可以成为青年人创业的主要方向。在这两类创新工作中，青年人能够看到成熟的市场运行机制，能够获得丰富的已经存在的市场资源，能够参考成功的市场经验，能够明晰目前存在的困难和问题。他们要考虑的是怎么样改变现在不适宜的模式和方式，怎么样将现有的资源重新整合，怎么样在市场大潮中占据更有利的位置。也就是说，青年人需要一个风口，并且大部分有创业需求的青年人能够知道风口在哪里，而这个风口不应该是"炒冷饭"，而应该是"新的花样"。新的内容、新的模式、新的方式，甚至新的叫法，只要能够创造经济效益，就应该得到支持。青年人创业最重要的就在于创新，因为没有任何束缚，不会受到成熟的工艺、旧的利益结构、陈腐的思想、传统的供销渠道等的影响，因为都是新的，需要从头开始设计、创新，虽然可能在改造传统的方面会受到阻碍、遇到困难，但是传统势力并不一定看得上这些新生事物，而且新生的商业模式只是慢慢蚕食或者开发了

新的商业生态，并不一定会与传统的力量产生直接冲突。

如果创新与传统发生冲突，政府就应该保护创新，正所谓"取其精华，去其糟粕"。只有在总结传统的基础之上，积累经验之后，才能有创新的可能性。

三、发挥市场在资源配置中的决定性作用

政府的宏观调控以行政命令和意见措施等见诸于文件，具有天然的显性因素，而市场调控往往通过经济规律和经营环节逐层传到，虽具有可预见性但仍稍显隐性。

创业，就是引导青年人走出舒适的环境，接受市场最严苛的检验，这是创业企业必须要走的道路。如何磨炼，应该由市场决定，创业是让青年人在市场的浪潮中搏击，青年创业企业的产品能不能得到消费者的认可、技术能不能带来更高的效益、服务能不能得到顾客的认同、品牌能不能在社会占有一席之地，这些都需要市场给出答案。并不是说政府支持青年人创业，每个青年人都能获得成功。发挥市场在资源配置中的决定性作用，就是要让青年创业企业接受市场的检验。不可否认，政府会对成长初期的企业能够提供一定的保护，但是这些小微企业如果想要做大做强，就必须得到市场的认可。"师傅领进门，修行靠个人"，市场是真正的修炼场；"时间是检验真理的唯一标准"，那么，市场应该是检验青年创业企业的唯一标准。那些经济效益好、发展前景好的青年创业企业必然能够获得更多的市场资源。

四、不断完善体制机制、推动惠民性政策措施

创业有风险，创新需谨慎。有的青年人可能会选择将全部家当都投入到创新创业的大潮之中，一旦创业失败了，就会面临血本无归的情况，之前的努力付诸东流，甚至原本欣欣向荣的生活也一去不复返。有不少青年人都选择回避创业工作，这主要有两个原因，一个是没有创业的平台，另一个是创业缺乏必要的保障。如果说"实施创新驱动战略"是为青年人创业打开了一扇门，"充

分发挥市场机制在资源配置中的决定性作用"是为青年创业企业设置了一个筛子，那么"完善体制机制、健全政策措施"就是在门口搭一级台阶和在筛子下面放一块垫子，让想创业的青年人能够更快、更好地融入创业的市场环境，让创业失败的青年人保留"东山再起"的希望。

为创业青年搭一级台阶，可以理解为为他们创业创造条件和提供基础，比如整理出一些适合青年人创业的行业、岗位等，或者提供一些创业引导资金，让这些想创业的青年人能够更加便捷地进入创业的航道上来。一些地方政府、企业、社会团体兴建的创业园区，就给青年人提供了一个创业平台。但是往往只是提供一个创业园区、一间办公室，工作就结束了，之后就看着青年人创业在市场的风雨中摇曳了。政府将青年人带上了创业舞台之后，还需要给青年人引荐一名"师父"，或者介绍一名"保姆"。在青年人创业开始之时，政府的青年创业服务工作才算是起了一个头，只有当优质的青年创业企业真正运行起来，政府的服务工作才能走上正轨。

青年创业企业经营管理的思路、理念肯定与其他的企业存在差别，所以经常会有人说"脑洞大开"，这些"脑洞"有时候能给企业带来巨额收益，有的时候则会带来灭顶之灾。所以政府需要对青年创业企业"扯扯袖子""咬咬耳朵"，告诉它们"红线"在哪。不仅要告诉青年企业家哪些事能做，哪些事不能做，还要告诉他们哪一个方向在发展前进，哪一个行业正在衰退。对于一些不幸在经济大潮中落水的青年创业企业，要及时启动预案，保证青年企业家虽然失去企业，但不能失去信心；虽然失去了商业伙伴，但不能失去创业伙伴和生活伙伴。

特别需要注意的是对很多因为经营不善、管理不到位、方向选择错误的青年创业企业，一方面要对其企业负责人进行教育和引导；另一方面要在与存活下来的青年创业企业的对比当中总结经验教训，不断完善扶持引导的政策和服务。存活下来的青年创业企业必定存在不一样的地方，企业负责人也必定有过人之处，从这些成功的服务对象当中汲取进一步做好工作的经验是十分必要的。惠民性政策虽然是面向每一个企业的，但是每个企业具有的特殊性导致它们的接受程度、产出效果千差万别。怎么样做到差异化服务，而不是大一统地"漫天撒花"；怎么样满足青年创业企业不平衡的各类政府需求，而又不事无巨细、亲力亲为，这是政府部门需要仔细思考的问题。

五、确定创业适用对象

一是年龄限制。鉴于是青年创业企业的限定，首先可以将年龄限制在18~45岁，最好是在22~40岁。虽然具有完全行为能力的界限是18岁，联合国也将45岁作为青年人的年龄线，但是依然建议将适用对象的年龄限制在22~40岁，主要是出于以下考虑：

（1）18~22岁是大多数青年人在学校读书的年龄，读书应该成为绝大多数学生的首要任务。一方面，创业需要精力和时间，学生不应该为了创业而耽误学习基础知识，另一方面，学校教给学生的处事能力和思辨能力，对于学生的今后创业颇有用处。

（2）作为一名学生，主要任务是学习，学校的创业实践，仅仅是一种历练，与社会创业有较大差距。学生应在正确时间做正确的事情，而不是让学生在学校保护之下，对自己的创业能力和市场经营能力有过分的自信，不利于走向社会。

（3）之所以将40岁以上的中青年排除在外，原因主要是为了保证创业优惠政策公平公正。应该说中青年人已经在资金、人脉上奠定了一定基础，有的已经顺利地完成了资本的原始积累，相对于懵懂的刚出道的创业青年，他们更有优势。如果对他们进行政策倾斜，势必会影响全局的公平。

二是行业限制。关于青年创业企业的行业限制有两种观点，无非是有限制和无限制。虽然看起来是两种完全不同的观点，深究其中，能够发现仅仅是扶持的方向不一样。

对于行业无限制的观点。该观点认为青年人创业，如果没有特别的法律法规进行硬性规定，可以考虑不对行业进行限制，只要行业合法就应该予以鼓励。

虽然国家会出台产业、行业支持政策，但是青年创业企业因为规模较小、层次较低等原因，往往达不到支持的标准。可能青年创业企业所处的行业是所谓的"夕阳行业"或者"淘汰产业"，但是凭借青年人的创新思维和创新能力，可能让这一行业焕发出新的生机与活力。况且，只要青年人创业，就应该予以支持，不管是开一个小门面卖奶茶，还是运用技术生产设备，都应该尽可能地把青年人留住，让青年自主创业，自谋生路。

对于行业有限制的观点。该观点认为青年创业企业应该设置一些行业限制，不仅对于青年人从事国家和地区明显限制、控制、转移的行业、产业就应该不予支持，而且对于不是地方特色的行业、没有产业基础的行业、没有人脉渠道的行业等也不应该予以支持。意在将青年人创业纳入区域经济发展的总体布局当中，在保证地区有完善的服务能力的基础上，帮助青年创业企业做大、做强。

这两种观点，出发点是一样的，都是为了更好地扶持青年创业企业。不同之处在于第一种观点是采取低门槛的方式，尽可能多地让青年实现自己的创业梦想；第二种观点是采取抬高门槛的方式，发挥自身已有优势尽可能多地帮助青年将企业做好，而不是放任自由。一个是留住，另一个是引导发展，两种观点都有一定的道理。如果从创业企业的发展来看，第二种观点更好，因为只要企业入驻，就能够享受到整个产业链的配套服务，不需要自己过多地开拓渠道。如果从青年人创业的角度来看，第一种观点更好，一方面门槛比较低，容易落户；另一方面自己可以根据市场行情和企业发展状况自行选择未来的方向，自由空间更大。

三是地域限制。这里所说的地域，并不是说青年人来自哪里，而是说企业落户的地点和区域。

在实际操作过程中，政府一般不会在地域上限制青年创业企业的落户，但是会引导青年人将企业优先落户在青年创业基地中。所谓青年创业基地，往往是一栋写字楼、一个小型的园区、一条街道等，这些创业载体能够给青年人提供低成本的创业基础，包括房租、水电、网络等。这些青年创业基地有的在

城市中心地带，有的在城市的边缘，那么，在哪一个青年创业基地落户就会成为青年创业企业的一个重要选择。现在越来越多的青年创业基地，正向着专业化发展，有的会将青年创业基地打造成一个小型的开发区，基地里面设施齐全，有的还会设立工商、税务等部门的办公点。政府之所以引导青年创业企业落户在青年创业基地，主要出于两种考虑：一种是为了方便统一管理和服务，方便政策的宣传和经验的推广，以点带面完成工作的同时还能时刻跟踪企业的发展进程；另一种是为了降低青年创业企业的试错成本，在基地青年创业企业不仅能够得到经营成本上的降低，而且青年企业家能够在创业的"圈子里"分享到更多的信息以便及时调整企业发展方向。

仔细考察青年创业基地的设立，不难发现一个原则：在城市中心的往往是文创类、金融类、软件类这些占地少、资金周转快的第三产业，这也是青年创业企业较多涉足的行业；而在城市边缘的青年创业基地，则更多的是科研类、新型农业、加工制造类这些占地多、资金周转慢的企业。政府在服务青年人创业时，应该有意识地引导他们往专业化集中的青年创业基地落户，这样做能够尽快地形成"青年创业产业链"，而且在同业的沟通当中更加容易产生创意的火花。不过值得思考的是，如果同业过分集中，是否会对青年创业企业造成太大的压力？是不是会造成一块区域当中同质化严重的状态？

如果跳出青年创业基地，青年创业企业能选择的空间也很大，街边的一个门面，写字楼中的一两间办公室等，特别是在电子信息技术如此发达的今天，创业企业可能并不需要一个实体的店面。所以，在地域限制方面，政府应该更多地应引导上下游产业链的集聚，便利创业企业的经营。在引导企业选择落脚点时，不能仅仅从降低企业成本角度考虑，还要加上辐射半径、产品特点、配套设施、消费者行为等，甚至还要考虑到创业者的习惯。

如果企业在青年创业基地里面，政府的服务工作更容易开展，而独立在外的企业，也不应该是游离在青年创业服务之外的"游子"。所以，可以考虑建立一个以青年创业基地为中心点，基层服务机构能力范围为半径的青年创业服务矩阵，既满足为绝大多数在青年创业基地里面的企业的服务，也能够兼顾到漂泊在外的青年创业企业，同时扩大青年创业基地的吸引力。

六、搭建创业服务平台

（一）成立青年创业服务促进机构

这个机构的特点不在于"服务"而在于"促进"，目的就是将青年创业工作做得更好。而将工作做得好，就必须有一个牵头的单位，而作为"青年之家"的团委应该承担起这个责任。由团委牵头成立地方的青年创业促进中心，创业促进中心的办公室设在团委，负责统筹、指导、协调青年创业者在当地创业的有关事宜。引导青年企业家自发建立创业合作组织，加强创业青年内容交流以及创业青年与社会各界的交流。

（二）建立青年实习就业创业基地

之前提到过创业基地，但是创业属于高级别的就业，为了筑牢创业的基础，实习和就业是必不可少的过程。所以应该将实习、就业、创业三者结合起来考虑，按照实习是基础、就业是保障、创业是提高的思路，与当地高、职院校合作或委托有意向的企业创办青年实习就业创业基地，组织青年创业者开展创业活动。经青年创业促进中心审查符合条件的青年创业企业可进入基地，享受有关优惠政策。

（三）开展创业培训与辅导

聘请高等院校教师和优秀创业企业家组建创业导师团，为青年创业者提供指导，以传、帮、带形式扶持青年创业者通过培训和实践，取得相应的资格和能力。这里需要指出的是，为青年创业者做培训和辅导应该摒弃照本宣科和夸夸其谈，特别是要杜绝请很多领导站台的情况。更多地用创业故事打动青年创业者，用创业实操技能吸引青年创业者。

（四）开辟项目审批绿色通道

这里主要分为两个方面：一方面，以区县为单位在政府综合行政服务中心指定专门窗口办理青年创业项目；另一方面，在青年创业基地内部开设行政服务临时办公点，定期开放。进一步简化程序，提高效率，为青年创业项目提供方便快捷的服务。

七、实施创业优惠政策

（一）提供金融服务

以设区市一级为单位设立青年创业投资基金，为初始创业企业提供融资支持。设立创业担保基金，专门面向创业企业提供贷款担保。经创业促进中心审核认定的优秀青年创业企业，其贷款利息补贴按照当地中小企业优惠对照执行。鼓励各类创业投资基金和投资人扶持青年创业。无论是投资基金还是担保基金，都应该是以地方政府财政出资为引导、以社会资本为主体的一种形式。至于政府占多大的比例，政府资金是否具有兜底的作用、政府是否参与分红等问题，则可以根据政府与市场机构的协商来定。

（二）财政奖励

对正常注册并健康运转的青年创业企业应该予以奖励，这部分奖励数额不一定要很大，但是要能够起到鼓励和支持的引导作用。而这一部分财政奖励不一定要来自单独新批的预算项目，而可以来自青年创业企业所缴纳的税费。可以自青年创业企业注册成立的第二年度起至第五年度止，将一部分资金返还给青年创业促进中心和直接返还给青年创业企业,用于促进青年创业企业发展。对青年创业企业负责人也可以进行奖励，具体方法可以与当地优秀青年、青年企业家等相结合。对企业和平台的奖励尽可能以实物和资金为主，而对企业家的奖励可以以资金为辅、荣誉为主。

（三）放宽投资方式

青年人不一定有钱，但是可能有技术或者有专利，有的即使有钱可能也不多，所以在审批青年创业项目的时候，可以适当放宽投资方式。可以鼓励和引导青年创业者以专利、非专利技术、股权等非货币资产出资。在注册有限责任公司的时候，因为《公司法》有规定：货币出资金额不得低于注册资本30%，应该予以遵守，但是可适当按照出资人的约定，自公司成立之日起2~3年内分期缴足。另外一种办法就是先以较低的注册资本成立公司，待发展好了之后再逐渐增资扩股。

（四）鼓励灵活经营

鼓励、引导高校毕业生利用住宅作为住所（经营地所）进行自主创业，从事科技开发、信息咨询、电子商务等经营活动，其中在居民住宅楼内设立的，应按国家有关规定办理。上文提到创业的形式很多，不一定要拘泥于建厂房、盖实验室，应该鼓励青年创业者结合从事的行业和自身经济实力灵活选择经营方式，但是必须符合相关的法律法规。

（五）帮助拓展市场

在政府采购、招投标、展销会等方面向青年创业企业予以倾斜，积极引导当地市场消费青年创业企业提供的产品和服务。向青年创业企业宣传政府采购政策和操作程序，鼓励和引导其参与到政府采购活动中来。地方建设项目招投标时，对使用青年创业企业产品和服务的投标人，在同等条件下优先选择。

（六）补贴办公场所租金和装修费用

考虑到独立建厂房或者独立在外租房的青年是具备较强经济能力的，可以考虑对于在青年创业基地或创业孵化器内租房的青年创业企业给予一些补助。一是房租补贴。按租房建筑面积计算，第一年给予50% 当地房租

平均值的补助；第二年给予30%当地房租平均值的补助；第五年起不再给予补助。二是装修补助。按租房建筑面积计算，一次性给予房屋内部装修补助。

（七）创业者住房保障

创业者住房保障主要从两个方面着手：一方面，引导符合条件的青年创业者申请保障性住房，帮助他们尽快自主解决住房问题；另一方面，积极建设创业公寓，向符合条件的青年创业者提供低租金的集体住房。这里需要说明的是，创业公寓并不一定是政府自建住房或者创业基地内的住房，还可以在各个小区选取一些住房向周边的创业青年提供租住服务。

（八）人才引进服务

青年创业企业最优质的资源就是人，不仅企业的创办人很关键，企业的员工也非常重要。政府要帮助青年创业企业组建富有战斗力的团队，而不是让青年创业者孤军奋战。考虑到青年创业企业社会影响力不大、资金实力不强、沟通渠道不多，可以考虑为企业在免费参加招聘会、免费发布招聘信息、免费查询人才供求信息、免费保管人事档案、优先办理工作居住证等方面给予优惠和服务。可以考虑在青年创业基地中建立青年创业企业招聘服务中心，一站式办理企业参观、业务浏览、招聘洽谈、合同签订等业务。对青年创业企业引进的人才，可以在公积金、职业年金、保险等方面予以一定的补助，或放宽企业实际缴费的期限。

（九）帮助解决生活需求

支持青年人创业，不仅仅要帮助青年人落地，还需要让青年人留得住。所谓留得住，一方面是能够有一个适合经营的市场环境，另一方面还需要有一个适宜安居的生活环境。在生活环境中，最为迫切的就是住房、就医、上学这三个问题。住房问题前面已经说过，现在就就医和上学问题做一些探讨。不过，应该优先保障好在创业基地中的青年创业企业，这样才能更好地发挥青年创业基地的示范作用，提高吸引力。尽快将创业青年纳入当地医疗保障体系是解决就医的最便捷的方法，在这方面可以考虑将创业青年的保障纳入社会统一保障体系的建设当中，可以不提供额外的保障，但是要解决好外地青年在当地的就医问题，是直接纳入当地的医保体系还是纳入全国统筹的范围，需要谨慎决定。上学问题，不仅仅是青年创业者子女的上学，还有其本人的继续学习。在其子女上学方面，同就医问题一样，纳入当地青年人的统筹保障当中，保障公平接受教育的权利。而在青年创业者本人的继续教育方面，可以由创业促进中心牵头、各高校参与建立在职培养体系，根据青年创业企业的特殊性制订课程、安排时间，具体操作可以借鉴 MBA 或 EMBA 的模式。不过，在考虑帮助青年创业者解决生活需求时，还是应该保证整个社会的公平、公正。就医、就学作为公共服务产品应该是由社会公众平等享用，倘若因为是青年创业者就得到过多的政策倾斜和福利待遇，势必会遭到其他青年人的反对。俗话说"三百六十行，行行出状元"，每一位青年人都是在自己的工作岗位上发挥作用，并不是只有创业才是最好的选择。我们说要支持青年人创业，最重要的是为他们补缺，补上创业过程中可能出现的政策和公共服务的缺口，而不是过分地优惠倾斜。

八、建立创业激励机制

（一）资金激励

财政必须给予大力的支持，无论是提振社会的信心，还是完善服务均需要资金。资金激励应该分为三个类型：一是项目落地的补贴，二是企业运营的奖励，三是企业育成的支持。

项目落地的补贴，指的是用于对青年创业企业设立过程中涉及的行政性收费、水电费、房租、装修费用等，这一部分在上文已经说过政府要给予支持，

但是创业基地和青年创业者在基地外的创业项目都是按照市场条件筹备的，其中必定会有一些费用，所以为了减少创业初期的成本，财政应该予以补贴。在创业基地内落户的企业，由基地运营方先行垫付费用，然后再由创业促进中心统一汇总给财政领取资金。而在基地外创业的青年创业者则需要自己先垫付费用，之后凭正规单据前往附近的创业基地登记，待财政统一结算。之所以都前往创业基地办理手续，目的就在于为创业青年创造与基地互动的机会，并且在基地中多了解相关优惠措施。倘若基地外的创业青年总是独来独往，按照社会化的途径办理业务，可能会比较烦琐，而且缺少了与"同创者"之间的沟通交流。企业运行的奖励，指的是青年创业企业在青年创业企业运营的过程中因为科技研发、依法纳税、社会公益、环保减排、带动就业、团建党务、创新运营等方面做出了突出贡献而受到奖励。一般情况下，从区（县）政府到省（部）级部门都会出台针对上述方面的奖励措施，特别是科技、经信、发改、商务等部门出台的这类措施非常多。但是这些措施一方面缺乏梳理，而青年创业者又很难沉下心来自己熟悉和了解，导致他们会"错过"；另一方面，青年创业企业因为体量小，常常达不到这些奖励的标准，这就需要考虑制定专门针对青年创业企业的奖励政策，或者在原有政策上面对青年创业企业进行"降门槛"的修改。如果是专门针对青年创业企业的奖励措施，其奖励金额可以根据门槛的降低而适当缩减，奖励更多的是在于引导，而不是用于企业的补贴，是要告诉众多青年创业企业这样做是好的。企业育成的支持，指的是青年创业企业经过一段时间的发展需要离开青年创业基地或原来较为狭小的初创环境到更大的地方发展，或者被大企业收购等时候，给予的一次性资金支持。有的青年创业企业不会一直在青年创业基地中运营，比如技术研发成功了、业务量扩大了，就需要离开青年创业基地这个"孵化器"。这些离开青年创业基地的青年创业企业，作为经过创业初期披荆斩棘，存活下来的青创企业，财政可以给予一定的资金支持。这一部分资金可以有两种支持方式，一种是以现金形式交给创业青年自由处理，另一种是将这部分资金作为育成企业在土地租赁、厂房建设、设备购买等方面的补偿资金，第二种方式无疑是更好的。

（二）平台激励

平台激励主要是搭建平台举办一些青年人之间交流互动的活动，比如举办青年创业实践活动、定期举办青年创业大赛、青年创业论坛和青年创业沙龙，鼓励推动创意创新，努力培养和扶持一批青年创业者。青年创业者相互交流在创业过程中非常重要，这些活动的形式可以多种多样，最终的目的就是要让青年人在交流过程中迸发出更多的创业火花，能够通过沟通形成产业链的上下游合作。

（三）荣誉激励

青年创业者，虽然是青年，但也是企业家，物质上的奖励可以降低他们的运营成本，但是精神上的奖励更能激励他们创业的信心，所以可以给予青年创业者和青年创业企业一些特别的荣誉，如评选"优秀青年创业者"，定期开展"优秀青年创业者"评选表彰活动，对在营收增长、促进就业方面做出突出贡献的青年创业者进行表彰奖励。

九、形成部门合力

为加强对鼓励扶持青年创业工作的领导，当地应该成立由党委负责的鼓励扶持青年创业的领导小组，负责研究和制定有关政策措施，研究解决重大问题。领导小组下设办公室，办公室可与创业促进中心合署办公，负责解释当地鼓励扶持青年创业者创业的政策，指导青年创业基地和青年创业合作组织开展工作，督促协调相关部门共同抓好创业政策的落实。

各部门、各单位要充分认识鼓励扶持青年创业者创业工作的重要意义，切实转变工作作风，按照政策文件的要求，认真履行职责，提出具体落实措施，积极创新服务形式，优化服务内容，加强协同配合，为青年创业者提供全方位的优质服务。很多时候，支持创业被一些部门看作是一个口号而不是一项工作，认为只要有意向性的"动作"就行了，往往认为青年创业工作只限于几个部门，导致青年创业工作看起来都在做，但实际上形不成合力或者根本就没有实质性的进展。所以，让各个部门、单位充分认识到支持青年创业工作的重要性非常有必要，重视了就会去思考，有思考才能有措施和办法。

积极与媒体沟通联系，大力宣传青年创业大赛、青年创业基地建设、青年创业优惠政策等创业信息，吸引青年创业者来当地创业。充分发挥各种媒体、媒介的作用，及时报道有关创业优惠政策和创业先进典型事迹，在当地营造鼓励扶持青年创业的良好氛围。媒体的作用在于宣传和引导，主要是增强青年创业者的信心、提供创业优惠政策。一方面，告诉青年创业者这里有一片创业的热土，鼓励他们速来追求梦想；另一方面，告诉与创业有关的市场机构这里有很多创业的需求，鼓励他们前来参与到创业工作中。

第三节　政府协调金融机构支持青年创业企业

政府调控，作为一只有形的手，能量巨大，但必须"在笼子里跳舞"。根据当今行政管理学的理论，政府的职责在于提供公共服务。公共服务，不应该仅仅是制定政策和执行政策，还应该有协调企业完成政务目标这一内容。政策是面向市场主体的，如果企业不参与其中、不积极配合，甚至抵制政策的执行，那便是行政管理的不幸。

上一级政府要求下一级政府执行政策时，可以以行政命令的方式，但要求企业执行政策或者共同完成政务目标时，倘若还是同样强行命令执行，不仅会损害政企合作的关系，还可能会影响整体市场的经济效益，导致出现一些违背经济规律的事情发生。所以，政府与企业互动，需要找到一个利益契合点，这个利益契合点需要能够同时满足政府的公共性取向和企业的盈利性取向。虽然政府反复强调企业要履行社会责任，但企业履行社会责任必须是在能够盈利的基础上，否则就是"竭泽而渔"。

以政府支持青年创业企业为例，政府已经制订了政策，在协调企业配合参与的时候，不仅要让这些企业有参与大众创业、万众创业的使命感，也要让企业有落实政策有利可赚的获得感。

一、政府能对青年创业企业提供金融服务的逻辑

综观政府历来对青年创业企业的支持，多是从节省创业成本方面予以考虑。这里的创业成本不仅指创业的投资成本，还有因为创业带来的机会成本。创业的投资成本包括最初的注册资金、房屋租赁、设备购买以及企业运行中的财务、税务、管理等成本，而机会成本则是青年创业者因为选择创业而损失从事其他工作的收入等。归根到底是"钱"的问题，不但要让创业时的成本少一点，也要让因为创业损失的钱少一点。这是两个问题，第一个是创业经营的范畴，第二个是创业保障的范畴。第二个问题更多的是靠政府公共资源的投入予以兜底，第一个问题则可以依靠市场机制来运行。在市场环境中解决"钱"的问题，就要让"钱"有生命力，而不只是钱，要让钱能够生钱。这里说生钱并不是说拿利息，而是能够为青年创业企业创造更多的价值，特别是在青年创业者手中没有多少资金时，资金的价值再生能力就显得非常重要。解决青年创业企业钱的问题，主要从三个方面考虑，第一个是资金从哪里来，第二个是拿到钱怎么用，第三个是取得收益如何支配。从这个脉络来看，就是资金的流转问题，保证资金出现在最需要的地方，以发挥最大的效用。所以，金融作为现代经济的血脉，贯穿于各行各业和企业的全生命周期，对于青年创业企业来说依然非常重要。可以考虑以向青年创业企业提供金融服务作为此项工作的一个重要抓手，以金融服务带动其他类服务，撬动多元市场主体参与到公共服务中。

但是，金融机构对青年创业企业感兴趣吗？传统上，金融就是"嫌贫爱富"

的。青年创业企业和青年创业者就是"贫",可能贫穷没有限制他们的想象力和创业热情,但是会限制他们获得金融服务的福利待遇。政府可以鼓励金融机构服务青年创业企业,但是不能强行命令,市场的选择是具有双向性的,如果金融机构按照政府的要求贷款给青年创业企业,青年创业企业逾期不还,政府是不是要承担担保责任?如果金融机构按照政府的要求为青年创业企业找到了销售渠道,青年创业企业未能保质保量供货,政府是不是要一并承担对方企业的损失?很明显,政府不会承担坏账的赔偿和企业损失的补偿,政府并没有直接参与到这样的市场交易当中,何谈承担责任?政府确实是"干预"了交易,通过自身的影响力引导方向属于正常的宏观调控手段,但是如果政府鼓励金融机构对青年创业企业这个群体服务,就是一个积极的举措。

政府鼓励金融机构为青年创业企业提供金融服务,首先要明确青年在创业过程中需要什么样的金融服务,青年创业企业在运行中需要哪些金融支持,然后再在市场上寻找或者邀约合适的金融机构前来合作。在考虑金融支持时,政府提供最多的就是政策。对青年创业企业的金融服务应该包括以下几个方面:筹划期的"业务咨询",初创期的"天使投资",起步期的"股权融资",稳定期的"资产管理",开拓期的"资本运作",衰退期的"资产重组"和长远期的"分散投资"等。对青年创业企业的金融服务不仅要全产业链的,也要全生命周期的,甚至是要跳出企业的生命周期,超前创新设计出金融服务产品。

二、针对青年创业企业的金融服务项目

(一)筹划期的"业务咨询",解决入手问题

古人言"知己知彼,百战不殆",现在人说"千金难买新消息",只有掌握了最新的数据信息,才能把握市场的命脉。要鼓励创业辅导机构或管理咨询公司与金融机构合作,以金融机构的大数据云计算为基础,配合辅导或咨询

机构的政策业务分析，为创业青年提供"业务咨询"服务，方便他们找准方向、理清思路。其中具体内容可以包括宏观经济形势、地区产业结构、当前利率情况、最近政策文件摘要、劳动力工资和水平、当地软硬件配套等。目前，越来越多的管理咨询公司正是配套越来越多的园区和创业主体而诞生的，只要有金融机构的数据基础，这些咨询公司在数据分析和创业指导方面的作用就可以发挥到最大。

（二）初创期的"天使投资"，解决缺钱问题

所有青年人创业都"缺钱"，青年创业者开始创业的时候，在市场上大多是举目无亲，在启动资金上更是捉襟见肘，此时引入"天使投资"，对于创业工作有较大帮助。由于在筹划期，创业青年与管理咨询公司和金融机构的良好合作，这些机构将非常愿意为创业青年介绍投资者，虽然"天使投资"数额不高，但门槛较低，一般情况下只要项目可行、未来可预测、收益可兑现，基本都可以拿到。政府可以鼓励已经创业成功的企业家和关注青年工作的社会人士与金融机构联合筹集"天使资本"，由出资企业共同推选出"天使投资人"，把控投资事宜。在初创阶段的"天使投资"不仅仅为创业工作"送钱"，有的"天使投资人"为了保障自己资金的安全，经常会以自身经验为创业企业提供建议，帮助他们开拓市场。

（三）起步期的"股权融资"，解决能力问题

企业正式运转之后，又将面临企业运营的一系列问题，在一些设备购买、厂房租赁、人员管理方面，由于大多数青年对从商环境了解不深，对市场行情把握不到位，常常感到能力的缺位。这时应鼓励金融机构对企业进行股权融资，对企业进行注资。有的"天使投资人"观察到企业非常有发展前景，慢慢就发展成了"股东"。通过股权融资不仅增强了企业资金实力，还降低企业的负债率，并且由于一些金融机构参股较多，所以愿意调动自身资源，花心思为企业发展出谋划策。

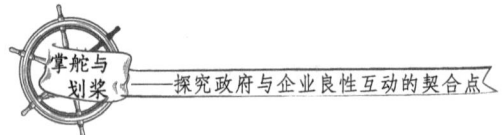

（四）稳定期的"资产管理"，解决管理问题

企业披荆斩棘后，够幸运的话将会到达一个稳定发展阶段，这时候不缺钱，不缺人，不缺市场，但是缺管理的问题将逐渐显现，特别是资产管理。要鼓励金融机构不仅要发挥"体外输血"的作用，也要发挥"体内输血"的作用，对企业的固定资产、流动资产进行统一的清查，详细了解企业的资产和负债，在折旧、置换、融资、抵押等方面为青年创业者梳理脉络。由于青年企业家在处置资产方面还存在一些不成熟的地方，为了资产保值不流失，更需要金融机构的帮助。通过成熟企业管理理念的深入，青年创业企业更加了解市场普遍的思维方式，对创业者来说也是一个转变思维的过程。

（五）开拓期的"资本运作"，解决用钱问题

企业发展壮大后必定面临着拓展市场和增加产能的需求，如何将自己手中的钱用好是摆在创业者面前的难题。政府应鼓励有资质的金融机构，或者之前就陪伴企业成长的机构，运用专业能力，在资金管理、人际关系协调、社会形象树立、企业文化建立，以及企业后期发展上面指点迷津。由于企业实力的增强，面临的竞争压力将更大，一方面，上市（挂牌）将成为这一阶段企业重要的发展选择；另一方面，如何流转企业的利润也将成为青年企业家的一道难题，如何分配利润能够达到财务成本最低，这方面金融机构非常专业。

（六）衰退期的"资产重组"，解决转型问题

可能一个产业会一直欣欣向荣，但一款软产品不会坚持太久的旺盛。目前，青年创业大多选择文创、电子信息、服装加工等基础性生产与销售，当企业发展成熟后，单一的产品和方向就会进入衰退期。此时，创业者手中的资产亟须重组，而重组在一定程度上可以促进企业转型升级。金融机构通过对企业资产拆分，将核心和优质资产予以保留，其余的根据情况进行抛售。将抛售所得收益用于投资新的生产线、开发新的市场、并购其他企业等。一

些创业企业在发展中，有不少会固守自己的"一亩三分地"，家族管理观念浓厚，通过资产重组，可以促使他们转变思维，破解"不想、不敢、不愿"的思维定式。

（七）长远期的"分散投资"，解决布局问题

当青年从一个创业者转型成为一个企业家之后，他的目光将不仅仅关注自己的产业，他会着眼于整个社会的发展全局，在大环境中逐利，集团化的发展将成为主要方向。这个阶段，金融机构将对企业进行更为深刻的股权改造，按照企业家的意愿，对手中的各部门进行结构调整和股权分割，不仅吸引社会力量来投资，也积极走出去对外进行投资。采取参股的方式，参与到自己不熟悉的行业，采取控股的方式把握自己的专业领域，采取股权投资的形式投资自己感兴趣的部门。

三、金融机构在服务青年创业工作中的收益

由于主场主体都有趋利性，金融机构作为站在经济发展顶端的舵手，具备敏锐的方向感，在考虑如何鼓励金融机构支持青年创业工作的同时，也应该思考怎样通过这项工作为金融机构创造价值。总体来说，金融机构在服务青年创业企业的过程中能够获得数据优势、情感优势、跨域合作优势和公共资源优势。

（一）数据优势

通过对青年创业企业全生命周期的服务，金融机构掌握了企业各个时期的动向和数据，这在当前"大数据分析"的环境中，可谓是占尽先机。无论是对该企业之后的投资还是对同类企业的投资，都有很高的借鉴价值。青年创业企业因为考虑到规避市场上已经存在激烈竞争的行业而选择一些较为"冷门"的领域进行投资，一旦这个"冷门"领域被投资带动且获得成功，必然会成为一个新的投资风口。从一开始就陪伴青年创业企业的金融机构能够从中获利者

不用说，如果别的金融机构想要加入进来，则可以从青年创业企业的数据中分析出盈利点和合作切入口。

（二）情感优势

从之前的天使投资到后来的股权投资，再到之后资本运作等阶段，青年创业企业与金融机构建立了非常牢固的合作关系，甚至是超越商业利益的友谊关系。青年创业企业在经营过程中的收益也有一部分是金融机构的获利。如果该企业发展迅猛，金融机构也可以卖掉自己的股权而获利，或是辅导企业上市，自己成为承销商或者直接成为公司股东。

（三）跨域合作优势

通过与青年创业企业的合作，金融机构不仅可以扩展在青年创业者圈子中的影响力，也能够通过帮助青年创业企业对接上下游产业链拓宽自己的业务渠道，还能加强与同样关注青年创业工作的金融机构之间的合作。目前，各个金融机构的资金、人力成本不同，优势领域存在互补空间，特别是一些青年创业企业需要在各个金融机构之间实现资金的流转，这迫切需要金融机构的合作。如果涉及境外青年在境内创业，那么在服务过程当中，境内金融机构通过与境外金融机构合作，可以采取内保外贷、跨境抵押、联合授信、利率互换等方式创新开展业务，可以借此开拓境外市场。

（四）公共资源优势

当前，政府大力支持青年创业创新，在支持青年创业企业工作方面，政府一向是经济账算得少，政治和社会账算得多，金融机构在对青年创业企业工作中的突出表现，一定会为自己赢得美誉。随着支持青年创业工作越来越多走向市场化，政府会下放更多的职权和手段给市场，而那些已经在服务青年创业工作中取得成绩的金融机构将更容易得到政府和公共部门的信任，更容易取得资源的优先分配。在下放职权的同时，地方政府也会自己投入资源支持这项工作，但是具体落实方面依然是市场主体来做，金融机构不应该忽视这个机会。

四、政府做好舵手，引导创业方向

公共管理社会中，政府主要靠引导方向、当好舵手，促进经济社会发展，在做好青年创业企业全生命周期的金融服务中，政府应更多地进行支持。一是细化政策细则，创新解释方式。目前，地方政府在支持创业工作上已经出台了不少文件，但应明确同样适用于青年创业。在贷款贴息、小额担保等方面，应该让青年创业者拥有较为优惠的待遇。二是制定政策，引导金融机构提供服务。如建立青年创业专项补助基金，面向所在地的园区、机构供给使用；建立风险补偿基金，与金融机构共担风险；建立股权投资基金，对发展前景好的企业进行投资，重点不在于获利，而是要在社会上形成引导作用。三是经济工作的同时，争取人心。在鼓励金融机构提供服务和帮助创业青年解决问题的同时，重点做好政策文化这些软资产的输出，以社会主义核心价值观的理念引导青年创业者诚实守信、经营，关注社会公益。

根据政府和金融机构的分工，暂拟订两个金融服务方案供借鉴。两个金融方案，一个为融资方案，另一个为基金方案。之所以选择这两个领域，主要出于以下原因：融资算是最基础的金融服务，金融机构特别是银行业金融机构在这方面有丰富的经验，且青年创业者对银行业也更加了解，两者能够尽快形成共识。基金算是市场参与面较广的一个项目，而且能够为政府资金进入提供一个合理合法的途径，能够彰显政府对这项工作的积极态度，特别是在越来越多的社会基金运行良好的环境下，以政府少量资金撬动巨额社会资本的方式也应该用于支持青年创业。

第四节　政府协调金融机构支持青年创业方案设计

一、银行支持青年创业的融资服务方案

（一）贷款产品

××银行根据青年创业期间的经营特点，为其量身订制了"青年创业贷"产品，为处于初创期、成长期等不同发展阶段的企业分别提供相适应的融资服务。

1. 初创期企业。

（1）贷款对象。①在××银行服务区域内工作和生活，且年龄在45周岁（含）以下的青年，具有完全民事行为能力；②具有合法有效的身份证明，在××银行服务区域内连续居住满1年；③应从事符合国家产业政策的生产经营活动，且应连续正常经营1年以上（含1年），有固定住所或营业场所；④信用观念强，资信状况良好，无不良嗜好；⑤贷款用途正当、合理，有一定的自有资金和经营管理能力。

（2）贷款用途。用于满足借款人生产经营活动的资金需求，包括但不限于支付店铺租金、购买生产设备、购买经营场所、流动资金周转等，不得用于投资金融产品。

（3）贷款额度和期限。如仅采用担保基金担保，单笔贷款额度最高可达50万元，贷款期限为1年；如采用担保基金担保并附加其他担保方式，额度最高可达500万元，贷款期限可达5年。

（4）贷款利率。模式一：借款人享受优于其他同等条件借款人的优惠利率，利率最低可降至央行基准利率，相关部门、协会或企业可视情况对借款人进行贷款贴息。模式二：贷款利率参照地方政府限定的青年创业银行贷款利率执行，执行利率与市场同档期利率的差额部分，由财政部门每年根据贷款规模设置贴息资金，对××银行予以补贴。

（5）还款方式。支持等额本息、阶段性等额本息、一次性还本付息、按月付息、到期一次性还本等多种还款方式。

（6）担保方式。以担保基金担保为主，可附加自然人保证、房产抵押、商铺经营权质押等多种担保方式，附加担保方式需符合国家、地方政府部门法律法规规定以及××银行内部管理制度要求。

2. 成长期企业。

（1）贷款对象。①在××银行服务区域内注册登记的有限责任公司，注册资本不低于等值人民币300万元（以营业执照为准）。②企业连续正常经营3年及以上，近2年营业利润为正值，实际控制人在企业主营业务行业或相近行业有5年以上从业经历。③若实际控制人为法人，则应为境内企业；若实际控制人为自然人，年龄应在45周岁以下（含45周岁），具有完全民事行为能力，应在××银行服务区域内连续居住满1年。④企业信用良好，主要投资人和管理人员遵纪守法，无不良嗜好。⑤有固定经营场所，借款企业、实际控制人或其配偶在××银行服务区域内拥有自有房地产。⑥贷款用途正当、合理，有一定的自有资金和经营管理能力。

（2）贷款用途。用于满足企业自身生产经营活动的资金需求，如流动资金需求、固定资产投资需求等。

（3）贷款额度和期限。贷款用于日常流动资金的，贷款期限为3年；贷款用于固定资产投资的，最长期限为10年。单笔贷款额度最高可达1000万元。

（4）贷款利率。模式一：借款人享受优于其他同等条件借款人的优惠利率，相关部门、协会或企业可视情况对借款人进行贷款贴息。模式二：贷款利率参照执行同档期利率的差额部分，由财政部门每年根据贷款规模设置贴息资金，对××银行予以补贴。

（5）还款方式。支持等额本息、阶段性等额本息、一次性还本付息、按月付息、到期一次性还本等多种还款方式。

（6）担保方式。担保基金担保＋附加担保措施，附加担保措施包括房产抵押、国有建设用地使用权抵押、担保公司担保、组合担保等。

3. 增值服务。

（1）××银行为创业青年开辟业务办理"绿色通道"，为其提供专属信贷顾问，全流程优先处理创业青年的业务申请，为其提供优质高效的服务。

（2）创业青年到××银行申请贷款时，可享受低于其他同等条件借款人的优惠利率。

（3）××银行可为创业青年提供日常生活、购房、消费等方面的资金支持。

（二）获客渠道

以客户自主申贷为主，相关单位推荐优质客户为辅。

青年创业者可通过××银行网上银行、手机银行、微信公众号等电子渠道自主提交业务申请，也可至××银行网点提交相关业务申请。

当地团委、当地行业协会、青年创业企业等相关单位可直接向××银行推介符合业务办理条件的客户，也可向××银行提供目标客户名单，由××银行对名单中的客户开展"名单制营销"。

（三）风险应对措施

1. 设立担保基金。

政府出资，以相关协会或企业的名义设立担保基金，委托第三方机构管理，吸引当地企业协会、创业成功的青年创业企业、民营企业等共同参与，为××银行在青年创业贷款上提供担保。首期担保基金出资金额建议不低于5000万元，后期视业务开展情况逐步增加。××银行提供担保基金金额5倍的授信额度，用于支持青年的创业需求。

2. 加强信用审核。

（1）青年创业者申请贷款时，××银行在取得客户授权后，可通过中国人民银行征信系统查询客户本人和其所经营企业在当地的信用报告，并通过公开信息渠道查询客户及企业在当地被执行情况等相关信用信息。

（2）××银行可委托合法渠道，通过公开信息查询，了解客户在其他地区被执行情况等相关信用信息。

（3）在贷款授信之前，××银行可通过现场调查、第三方了解等方式获取客户信用信息，加强信息交叉验证。

3.设置不良处置方案。

（1）贷款出现不良后，××银行将积极采取清收措施，负责业务推介的相关协会和企业应配合××银行进行催收。

（2）合作贷款整体不良率在5%以内（含5%）的，由担保基金全额代偿不良贷款本息金额。对于附加房产抵押或国有建设用地使用权抵押的贷款，该笔贷款出现不良后，优先处置其抵押物，抵押物处置后不足部分由担保基金全额代偿。整体不良率超过5%时，暂停发放合作贷款，待整体不良率低于5%时再恢复开办。

（3）担保基金账户余额不足时，××银行有权要求出资单位及时补足账户资金，资金到账前，××银行将暂停审批新贷款。

二、××省青年创新创业基金设立方案

依据《政府投资基金暂行管理办法》（财预〔2015〕210号）和《关于财政资金注资政府投资基金支持产业发展的指导意见》（财建〔2015〕1062号）等相关政策意见制定本方案。

（一）组织形式

有限合伙企业。

（二）企业名称

××省青年创新创业投资合伙公司（有限合伙）（以工商登记为准，以下称合伙企业）。

（三）注册地

××市，具体由合伙人商定。

（四）出资额、出资方式、缴付期限

首期出资总额4亿元，其中省财政出资5000万元，成立××省青年创新创业投资合伙公司（以下简称青年创投公司），青年创投公司履行财政资金出资人职责，向××省政府投资基金、省内基金管理机构和社会投资人（主要面向国有企业、热心青年工作的金融机构、城市商业银行、民营风投机构）募资3.5亿元以上，全部以货币方式出资，设立"××省青年创新创业基金"。

基金采取一次性交付方式。

（五）基金管理公司

基金管理公司由合伙人推荐，但需符合省政府的相关规定和要求。

具体方案由合伙人商定。

（六）基金存续期限

5年。

（七）基金合伙人

青年创投公司为劣后级有限合伙人，并作为主要发起人，××省政府投资基金和基金管理机构、参与合伙的社会出资人的合伙方式由合伙人共同商定，并报省政府审定。

基金管理公司负责合伙企业的经营管理工作。

（八）资金投向

投资由18~45岁青年担任企业法人代表的省内企业或有意到省内注册的创业项目，其中重点支持科技创新、转型升级、上市挂牌类企业项目，并以不低 5%、不高于 15% 的基金份额投资种子期、天使轮青年创业项目。

（九）经营范围

通过直接股权投资、跟投或设立子企业的方式间接投资项目公司；从事企业管理咨询或投资顾问业务。具体投资方式由合伙人共同商定。

（十）经营管理

（1）根据有关规定确定基金管理机构，并签订《委托管理协议》，由基金管理机构负责合伙企业的经营管理工作，代表合伙企业进行投资，代表合伙企业在被投资企业中行使股东权利。

（2）合伙企业不得对外举债，对单个企业的投资原则上不超过被投资企业总股本的 30%，且不超过基金资产总额的 20%。

（3）基金管理机构定期向有限合伙人报告合伙事务的执行情况及合伙企业的经营和财务状况，并及时报告重大事项。

（4）基金管理机构对合伙企业的债务承担无限连带责任；当合伙企业届满产生亏损时，首先以基金管理机构出资额充抵亏损。

（5）有限合伙人按约定缴付出资，以其自身出资为限对合伙企业的债务承担有限责任；对基金管理机构有关合伙事务的执行情况进行监督。

（6）为加强对股权基金的统筹协调，促进股权基金健康发展，成立青年创业基金协调小组，由省领导担任组长，各相关部门共同参与，负责审定股权基金的资金投入、设立（包括股权基金的出资比例、投资方向等）以及其他重大事项等。青年创业基金协调小组不参与合伙企业的管理。

（7）合伙企业设独立的投资决策委员会，成员 5 名（具体由合伙人商定），投资决策委员会主任由基金管理机构推荐人员担任，经基金管理机构审核后确定。有限合伙人有 1 票否决权，投资决策委员会形成决议须获 2/3 表决通过方为有效。投资决策委员会享有对企业投资和退出决策的最终决策权。

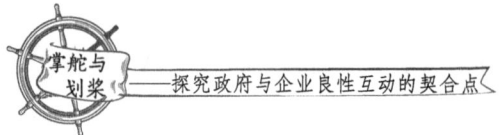

（十一）收益分配

先向优先级有限合伙人（社会投资人）分配其约定收益和本金，然后向劣后级有限合伙人（青年创投公司）分配本金，再向普通合伙人（基金管理机构）分配本金，最后由劣后级有限合伙人和普通合伙人按照出资比例分配收益。优先级有限合伙人享受约定承诺收益，但不再参与剩余利润的分配。

合伙企业清算时如果出现亏损，由普通合伙人以其对合伙企业的出资用于弥补亏损。

具体由合伙人商定。

（十二）退出机制

经合伙人会议决定，有限合伙人可以向本合伙企业其他有限合伙人，也可以向满足条件的其他自然人或法人转让其在合伙企业中的全部或者部分财产份额。

除非根据相关法律或合伙协议规定，否则普通合伙人不得转让在本合伙企业中的出资或财产份额，且不得主动要求退伙。

因所有对外投资提前收回等原因，经全体合伙人一致同意，合伙企业可以解散并组织清算。

（十三）保障措施

（1）基金存续期内前 3 年，对政策性强、投资期限长、收益率低的投资项目建立收益补差机制，给予适当补助。

（2）收益及风险分配。××省青年创新创业基金各出资方按照"利益共享、风险共担"的原则，明确约定收益处理和亏损负担方式。对于归属政府的投资收益和利息等，除明确约定继续用于投资基金滚动使用外，应按照财政国库管理制度有关规定及时足额上缴国库。投资基金的亏损应由出资方共同承担，政府以出资额为限承担有限责任。为更好地发挥政府出资的引导作用，政府可适当让利，但不承诺其他出资人投资本金不受损失，不承诺其他出资人投资最低收益。

（3）退出收回机制。××省青年创新创业基金依据合同章程、合伙协议及契约约定，及时退出基金投资。基金存续期满或达到约定退出条件时，基金应及时进行股权转让、股权回购，开展清算、评估等工作，向决策委员会提交基金收益分析及评价报告，收回投资资金。

（十四）其他

具体方案根据省财政要求执行。

第五节 政府为青年创业者搭建交流平台

青年人是国家和社会进步的主要力量，随着越来越多的青年人开始创业，这批青年创业者也逐渐成为经济社会建设的重要人才，他们的企业也正在成为经济社会建设的重要力量。这些青年创业者分散在各领域和各行业，有时也会合作完成一个重点项目，但很少有机会系统地在一起交流工作经验，分享创业心得，倾听前辈的指导。所以，各地政府都非常重视为青年创业者搭建交流的平台，各地这样的平台非常多，做得也都非常出色。政府不仅仅是为了服务这些青年创业者和他们的企业，同时也是在了解他们企业的运行情况，以便有针对性地做好扶持工作。通常这样的沟通交流平台不仅仅能够为青年创业者合作提供便利，有的甚至可以总结出一些当地新的经济增长点。

现行的青年创业者沟通交流平台，大多由当地的共青团负责牵头，同时青年创业者也经常自行组织一些活动。不过值得注意的是，个别青年创业者的聚会有向着娱乐化发展的趋势，特别是一些本身家境较好的青年人会把沟通交流的机会演变成为一个炫富的场所，这值得政府部门注意。青年创业者之间的沟通交流，更多的应该是友情的接续、信息的互通、商机的交换。

这个青年创业者的交流平台，要让青年人愿意来，来了能有所收获。在一些青年创业工作起步较晚的地区，政府可以适当地介入企业中，一方面帮助青年人构筑平台的基础，另一方面将政府的意愿灌输给青年人。一旦平台成熟了，政府只需要在方向上把控好即可，其他的交给青年人自己去做。

关于构筑交流平台的基础，最关键的就是要聚集人气和把握方向。要让青年创业者愿意来，可以从培训工作做起。对于刚刚涉足创业的青年人，往往空有创业的心却没有创业的技能，不妨从分析当地经济社会环境、解读政策法规、培训商业计划书等文案撰写、企业财税处理等一些基础性的培训做起。同时引入一些投资机构、咨询机构主动帮助青年创业企业谋篇布局。青年人通过参加这样的活动，确实能有所收获，才愿意多次来参加，在多次参加的过程当中就能够形成比较合理有序的活动机制，一个较为成熟的交流平台才能够建立起来。

逐渐成熟起来的交流平台，不仅可以用于接待当地的青年创业者和有创业意向的青年，还可以接待其他地区的青年人。政府应该鼓励当地的青年创业者以主人招待朋友的方式广泛邀请朋友来当地参观交流，并且借由青年创业者的"口"和"行"宣传当地的优惠政策和特殊优势。每个地方都有扶持青年创业的政策，往往能吸引人的只是特殊的那一两条具体的措施。

第六节　政府支持国外青年就业创业工作的情况简析

随着我国改革开放的不断推进，不仅外资企业前来投资兴业，一些外籍青年因为中国巨大的市场、丰富的资源配置等优势也来到这里就业创业，与中国青年一起圆梦。不仅有西方发达国家的青年，也有东南亚国家的青年。前文中论述了一些关于政府支持青年创业的内容，之所以又把外籍青年单独拿出来，是因为在支持外籍青年创业实际工作过程中存在一些特殊的情况和问题。

一、政府层面对外籍青年在中国就业创业的支持

目前，政府都在支持外籍青年在当地创业，主要是从出台政策和促进交流两方面入手。

（一）政府出台政策

对青年的就业创业，各地政府都不遗余力地出台政策，并且在政策中都没有将外籍青年排除在外，有的还出台了专门针对特定地区青年创业者的优惠措施。

（1）资金扶持。一是贷款，免息或低息贷款、贴息补偿贷款、小微企业专项等。二是租金补助，办公和居住房屋租金减免，生产设备租金补贴等。三是一次性补助金，给个人或团队的落地补助金、给项目的科技补助金等。四是各种奖励：科技创新、人才培养、环保节能、示范带动等。

（2）规划设计。一是专门规划一块区域，如设立专门园区用于外籍青年创业，并给予此区域内外籍青年土地审核与工商注册的优先权。二是对特定外籍青年以及家属的就医、入学等公共服务开辟专门绿色通道。三是对外籍青年住宿、交友等生活服务采取集中统一管理。

（3）搭建平台。一是由政府自己搭建就业创业信息平台和实体平台，针对外籍青年组织专场招聘会和就业创业讲座，将外籍青年与中国青年一视同仁，帮助他们在青年创业园区中落户安家。二是鼓励企业自发形成外籍青年就业创业平台，一些企业对外籍人才有特殊的需求，容易形成集聚效应，并且愿意为一些创业青年提供必要的支持。

（二）促进相互交流

（1）召开外籍青年座谈会。定期按照类别组织在当地的外籍青年座谈，了解他们的所思所想以及遇到的困难，对这些材料整理后修改或者出台新的措施政策。就如同调研工作一样，只有真正了解到外籍青年在创业、生活中

的真实情况，才能够对症下药。因为外籍青年人创业企业的分布可能比中国青年创业企业的分布更加分散，一家家走访调研显得有些仓促，召开座谈则比较统一，并不是所有的工作都适合开座谈会，有一些还是需要特别走访，深入企业调研。

（2）组织专门顾问团。将已经在中国就业创业小有成就的外籍青年人和专门分管青年、对外交流等部门的人员组成顾问团，与外籍青年保持长期联系，帮助他们更好地融入境内环境。这类的顾问团，有点像是东拼西凑出来的，组织比较松散，也不可能长期组织起来工作或者活动。之所以建立一个顾问团，就是给外籍青年人介绍一批中国的导师和朋友，帮助他们融入这个圈子当中。圈子当中的传帮带，可能仅仅只是不经意的一句话的指点，对外籍青年创业者来说可能是一笔巨大的财富。

（3）举办各种活动。通过举办比赛、晚会、联谊等互动活动，丰富外籍青年的业务生活，促进境内外青年交朋友，互通信息，比拼才艺。活动只是载体，目的是要让青年人在交流当中能够熟悉彼此。人是群居动物，更愿意与自己相近的人在一起，而外籍青年也容易抱团，所以政府就创造条件让外籍青年融入境内的环境当中。一些外籍青年人创业很辛苦，一些娱乐性的活动可以稍稍缓解他们紧绷的神经。

二、国外青年在境内就业创业的困难

（一）作为创业企业所在地的主人翁意识不够强

与当地青年人没有很好融合到一起，还是习惯在固有朋友圈里面活动，即使经常参加其他的活动，也只是为了活动而活动，没有真正与中国青年交心、交朋友。虽然活动很多，但是青年人很难在短暂的活动过程当中彼此了解而成为朋友，有的仅仅是"点头之交"。有时只是表面上一团和气，离开了活动或者平台，就缺乏点对点的沟通，国内外青年没有达到长期稳定的联系沟通状态。

可能会对一些共性的问题进行探讨，但是缺少闲来无事的一起郊游、聊天和娱乐，沟通交流更多地限于工作方面，生活方面融合较少。

（二）文化认同方面存在差异

（1）外籍青年对中国传统文化的理解存在一定的困难，日常交往中易产生误会。中华文明上下五千年，每一个阶段都有不同的文化特色，一些外籍青年在与中国朋友的交往中，时常会因为一些文化的不同，造成一些语义上的误会，甚至是在一些事情上针锋相对。

（2）有的语言不通导致沟通减少。中国各省、各市的方言千变万化，很多地方都会有自己的方言，外籍青年来中国之前最多是学习了"普通话"，但是在中国各省市当中，说不好普通话或者说话带着强烈地方口音的人还是有的。商务洽谈和深入交流则显得有些困难。

三、政府进一步支持外籍青年在当地创业的着力点

外籍青年的特殊性更多地在于文化、习惯方面，同时，信息不对称也会导致他们在中国创业步履蹒跚。政府要做的事情，就是让外籍青年了解当地的环境，熟悉当地的政策，坚定他们创新创业的信心，抚平他们创业受困的躁动。针对存在的一些问题，政府可以从细化政策措施、宣传引导动员、促进青年互动和搭建精神家园等方面着力作为。

（一）细化政策措施

一是业务主管部门相互合作。对已经出台的优惠政策进行筛选，整理出对外籍青年有利的政策条款；联合调研形成文字材料，上报领导争取得到重视，以便出台新的政策；明确针对外籍青年政策措施落实的手续和方法，指导外籍青年争取政策红利。创业工作牵一发而动全身，各部门必须形成合力，特别是在落实相关政策的时候，由于外籍青年对当地的"门道"不够熟悉，可能没有

办法很快地办完业务，所以要明确办事的手续和办法，并尽可能形成"跑一趟"的工作机制。二是尽快打破政策"玻璃门"。针对难以落实的政策措施做好调查研究和解释工作；对一些典型性案件采取督办和跟踪陪同外籍青年办理的方式；对不适应当今环境的政策措施尽快予以修改。

（二）宣传引导

一是建立完善的信息平台。建立面向外籍青年的实习、就业、创业信息发布平台，通过各种方式，加强对外籍青年就业创业的信息宣传。要打破外籍青年在创业工作上面"不想、不敢、不愿"的心态，就必须让他们了解中国政府和社会支持创新创业的态度和举措，解决信息不对称问题才能相互了解，有了相互了解才能合作共赢。目前在中国的外籍青年也用起了微信、微博等自媒体，这对建立信息平台非常有利。但是值得注意的是，政府在向青年人做信息宣传时，要特别注意言语方式，任何政策、公文的生搬硬套都不会引起青年人的兴趣，要用青年人喜欢的方式给他们"讲故事"而不是读文章。二是主动走出去。选择适当时机强化境外宣传推介，广泛宣传中国经济社会发展的正面信息和支持外籍青年就业创业的政策举措。随着中国逐渐走向世界舞台的中心，政府有义务让更多的人了解到中国改革开放的成果和取得的成就，也有必要让更多的优秀国外青年参与到中国经济社会的建设中来。通过与国外高职院校、人力资源机构、合资企业、产业链上下游等载体的合作，主动向国外传达中国声音、传递中国能量、传播中国机遇。三是利用"以外引外"渠道。请在中国修学、旅行、实习、就业、创业的国外青年作为"代言人"，邀请成功创业的外商作为"形象大使"，用国外青年熟悉的语言和互联网社交媒体，传播在中国就业创业的好故事。外籍青年更容易相信同样是外籍人士的"自己人"，这种貌似现身说法的手段，一方面可以促进"传帮带"工作的落实，另一方面更容易让外籍青年认可中国境内的就业创业环境，并尽快熟悉创业流程和渠道，少走弯路。

（三）促进青年互动

以中国青年组织和人力资源机构为依托，适时出境对接，扩大外籍相关院校、机构的参与面，共同服务于外籍青年就业创业。了解到外籍相关组织和机构怎么样服务外籍青年非常重要，作为"籍贯地区"的机构能够熟悉当地的青年人的需求和特点，中国组织和机构通过学习能够有针对性地完善自己的工作，而不是仅仅将中国青年纳入中国所有政策范围内就结束了。通过交流，争取探索出一些成熟并且能够被外籍青年所接受的制度方法。

吸引一批国外高校就业服务机构在中国设立办事机构，双向打通引才渠道，使工作更加扎实深入、有的放矢。我们在吸引人才的过程中不仅要吸引身在外国的外籍青年人来创业，也要做好已经在中国境内的外籍青年人特别是在校学生的工作，这些青年人已经在当地生活、学习了一段时间，较为熟悉当地的环境，可以支持他们就地创业。同时，我们也可以适当鼓励当地的中国青年人走出去创业，学习国外的创业服务工作，还可以促进文化、技能的交流。

积极培育、扶持、宣传、表彰就业创业典型，多组织经验交流会，以榜样引路，激发外籍青年就业创业的热情。树一个标杆、立一面旗帜，发挥典型的示范带动作用，特别是要把具有正能量的外籍青年创业者事迹和故事予以宣传和推介，起到引导作用，告诉外籍青年创业者怎样做能够得到支持，怎样做才能够成功。

（四）搭建精神家园

各级部门和业务主管单位要主动关心外籍青年学习、生活、工作情况，帮助他们解决问题。有的时候，外籍青年往往聚在一起倾吐心声，但是这些心声并没有向上反映的渠道，就需要政府主动走到他们中间去，主动关心他们。外籍青年离开家乡，为了梦想来到中国创业，要让他们感受到政府帮助他们解决问题的态度，让他们感受到温暖，才能坚定他们继续留下来的信心。

主动帮助外籍青年与中国青年交流沟通，促进他们融入中国发展的大环境

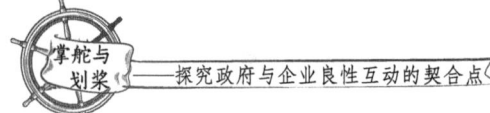

当中。政府在帮助外籍青年融入当地发展大环境的工作方面，更多的是"主动找事"，通过一些培训、交流、游玩等形式，创造机会让外籍青年走出自己的封闭的圈子，更多地与中国青年互动，更多地见识和亲身体会中国的发展环境。

通过青年人喜闻乐见的形式开展活动，将中国传统文化、上下五千年历史等潜移默化地进行传播。要让外籍青年认同中国的发展环境。

后记

当自己真的介入图书出版工作中，才知道其中的艰难。

这是一个孤独的事情，只能一个人去做；不仅孤独，而且时常感到疲倦。但马基雅维利在《君主论》中说道："人们在他们的能力允许的范围内这样做时，总会为此受到赞扬而不会受到非难。"所以，既然做了，那就在孤独中坚持，在疲倦中相信自己。

一本书，只有在与读者在思想上进行有效的沟通，才能言之有物、阅之有获。我始终坚持"既阐述自己的思想，又解决实际问题"的原则，努力将此贯穿始终全文，虽在实际操作中有一些难免的取舍，但终究还是达成所愿。存于世间，难免有一些变通，有一些妥协。

由于资历尚欠、火候不足，对一些事情思考不够深入，拿出的解决办法不够有效，希望各位读者能提出批评。

最后，不由地想起《鬼谷子》中的一句经典："阳动而行，阴止而藏。阳动而出，阴隐而入。"如写作，如修身，如处世。